游戏设计专业“十二五”规划教材

游戏创意基础

本书由北京市青年英才计划资助（项目编号: YETP0628）

黄石 项阳 陈柏君 刘昕宇 著

中国传媒大学出版社
· 北京 ·

目 录

前 言

回顾历史，我们发现游戏甚至先于人类而出现。早在懵懂的远古，人类尚未登上进化舞台之时，一些高等动物就已经开始了它们自然而发的游戏。即便考察有实证的文献和文物，人类游戏的历史也超过了数千年。例如四千多年前，两河流域的苏美尔人已经制造出十分精美的棋盘和棋子；三千多年前，埃及的墓穴壁画就描绘着妮菲塔莉（Nefertari）皇后下棋的情景。

然而，游戏的艺术潜质却长期被轻视和忽略。英国维多利亚时代的舆论认为，游戏是无关紧要的活动，甚至是有悖常态的懒惰表现，生活中只有严肃的工作才是重要且正常的。当代的艺术家与评论家也多把游戏设计看作一种商业活动，一种在过度娱乐化的时代背景下出现的浮躁冲动。

诚然，一些开发者的确抱着营利的目的进入游戏领域，一些游戏也确实从内到外散发着资本的气味。然而，游戏蕴藏的艺术潜质却无法被浮尘掩埋，在一些不为人知的角落，独立游戏（Indie Game）已经开始闪耀光芒。这些勇于开拓的先锋者，不求回报，不计利害，只是抱着单纯的创作冲动，坚定地踏上了通往艺术的漫漫征途。缺少资金，他们压缩预算，求助于众筹；缺少渠道，他们转向网络发售，接入开放平台。资本的力量可以控制大型的游戏项目，但却无法左右个人或小团队的艺术决心。

每年，在独立游戏节上，大量具有艺术特征的游戏如雨后春笋般涌现，参赛者的数量与年俱增。2015年，仅学生组作品就多达360件。这些作品涵盖了PC、移动终端、游戏机（Console）、Oculus Rift等几乎所有平台，作者来自全球最负盛名的大学、游戏专业学校甚至高中院校。独立游戏节的竞赛单元不仅凸显了来自世界各地崭露头角的游戏新力量，也逐渐成为商业游戏的著名孵化场，如《传送门》（*Portal*）、《我的世界》（*MineCraft*）、《粘粘世界》（*World of Goo*）的原型均源于此。

但令人遗憾的是，在独立游戏节举办的十几年间，来自中国的参赛作品却寥寥无几，甚至截至本书成稿时仍无一人获奖。这与我国号称拥有世界上最多网民、最多玩家、最多游戏开发商的行业基数甚不相符。国内的大部分游戏公司似乎都将精力放在了研究盈利模式、逆向工程和市场推广上，令人扼腕。

作为中国第一所成立游戏设计专业、已为行业培养千余名游戏设计人才的211重点大学，中国传媒大学有必要就此发出呼吁——我们要在人才培养阶段加强游戏的原创意识，鼓励学生的创意尝试，呼唤真诚的艺术精神。呼吁各大相关高校从源流开始，重视创意的教育工作，为文化创意产业的良性发展提供人才储备。

在有关领导和同事的大力支持下，在中国传媒大学游戏设计系广大同学的鼎力协助下，本书在历经三次重大修改，大部分章节都几乎重新撰写的情况下，终于初成小稿。在此，真诚感谢本书的合作作者项阳、陈柏君和刘昕宇同学；感谢提供部分小节的傅小龙、吴连贯、史薇薇和廖海玲同学；感谢为本书打下良好基础的高子晗、崔响、邹琳、孙媛、范亚凌和刘晓是同学；感谢本书的编辑赵欣老师和高卓毓老师。本书由北京市青年英才计划资助（项目编号YETP0628）。

由于个人能力有限，书中不免存在不少错误和疏漏之处，敬请读者朋友大力斧正。

黄石

2018年8月于北京

第一章　艺术与创意

■ **本章要点：**

1. 游戏与艺术的关系
2. 游戏的特征
3. 创意思维的特征

第一节　艺术游戏

21世纪以来，随着信息技术高速的发展，人类的诸多社会活动呈现出数字化、智能化、联网化的趋势。艺术作为人类社会意识形态的结晶，在信息技术的催化下，产生了诸多新型的艺术形式。

其中，最引人注目的当属具备交互特征的新媒体艺术，它在数字技术的基础之上，以互动和连结为手段，创造出了独具魅力的艺术形式。一时间，"信息艺术""数字媒体艺术""第九艺术"等名词开始出现在艺术界的刊头报尾。

那么，游戏究竟是不是一门艺术？所谓的"第九艺术"是否能够被主流艺术界所接纳？这实际上关系着游戏作为一门独立学科的发展定位，值得我们深入思考。

一、游戏与艺术

游戏究竟是不是艺术的一种？游戏设计师和艺术家有什么不同？

这些问题看似简单，却涉及一个跨界的艺术命题。对此，艺术界和游戏界或许有各自不同的理解。一些学者认为，大部分游戏以娱乐为主要目的，缺少深层次的艺术思考，因此不属于艺术范畴；而另一些人则认为，游戏具备艺术的基本功能与特征，且具有极高的感染力，应被看作新型的“第九艺术”。

为了回答这个问题，我们需要从艺术的定义与分类、内涵与外延、本源与发展以及艺术的核心特征入手，抽丝剥茧，追本溯源。

那么，什么是艺术？

通常认为，艺术是人类情感和想象的产物，是人类反映世界的精神方式。人们用艺术来表达对世界及自身的认识，表达对二者关系的思考。简单地说，艺术凝聚了人的知识、情感、理想和价值观，是人们现实生活和精神世界的再现与象征。“八大艺术”论称，艺术包括八个主要门类：文学、绘画、雕塑、建筑、音乐、舞蹈、戏剧和电影①。人们认为这八种活动是当代社会的主流艺术形式。

下面，我们逐一分析这些艺术形式，看看游戏是否能被归于其中。

文学被称为“艺术之首”，是一种以语言文字为工具，形象化地反映客观现实，表现作家精神世界的艺术形式，包括诗歌、散文、小说、剧本、寓言童话等。

绘画是运用线条、色彩和块面等造型语言，通过形体、色彩和构图等手段，在二维空间塑造静态形象的艺术形式，包括水墨画、油画、壁画、版画、水彩画、水粉画等。绘画的核心是表达作者的审美感受，具有一定的审美意趣。

雕塑是用各种可塑、可雕或可刻的硬质材料，创造出具有一定空间的可视、可触形象的三维艺术。雕塑是艺术家反映社会生活，表达艺术家的审美感受、审美情感、审美理想的载体，与绘画具有紧密的关系。

音乐则是用有组织的乐音来表达思想感情、反映现实生活的一种艺术。音乐可以分为声乐和器乐两大类型，也可以分为古典音乐、流行音乐、民族音乐、乡村音乐、原生态音乐等。

舞蹈是一种有音乐伴奏、以身体完成各种有节奏的动作为主要表现手段的艺术形式，可分为古典舞蹈、民间舞蹈、现代舞蹈、当代舞蹈等。一般来说，舞蹈的情感来自舞者的真实情感反应，如果脱离了切身情感，舞蹈则会了无意趣。

戏剧是以语言、动作、舞蹈、音乐、木偶等形式达到叙事目的的舞台表演艺术，可分为悲剧、喜剧和正剧三大类。戏剧以表演为核心，结合了文学、音乐、舞蹈、美术等艺术手段，通过构建冲突来表达情感，具有强烈的情绪感染力。

建筑是一种实用性与审美性相结合的艺术。其本质是人类建造的以供居住和

---

①　陈劲松．从艺术性角度看艺术与技术的关系［J］．艺术教育，2012（10）：40-41.

活动的生活场所，有实用性和工具性的一面；但随着时代的发展，建筑越来越具有审美价值，越来越具有象征性和形式美，越来越能体现出民族性和时代感。

电影是八大艺术中最年轻的一个门类，也就是所谓的“第八艺术”。电影由活动照相术和幻灯放映术发展而来，是一门容纳戏剧、摄影、绘画、音乐、舞蹈、文学、雕塑等多种元素的综合艺术。它通过演员表演、营造氛围、镜头语言等手段，开创出一种流行性文化，具有很强的情绪感染力。

综上，所有的艺术活动都以情感为核心，或诉诸视觉与听觉，或诉诸联想与遐思，各有其不同的表现形式和载体，但无不凝聚着人类对精神世界的美好诉求，表达着人类内心情感的集体共鸣。作品是否能够深入地表达情感进而感染他人，是判断其是否属于艺术的基本标准。脱离了情感这一内核，一切艺术都将成为无本之木，无源之水。

因此，游戏能否成为“第九艺术”，取决于游戏能否真正地打动人心，能否真正地抒发作者的情感。在这个标准下，可以说，我们目前在市场上所见到的大部分商业游戏并未成功唤起人们细腻、丰富的情感，更多是停留在娱乐活动的层面，还不能成为真正的艺术。

不过，一些被称为独立游戏（Indie Game）的作品，已经开始表现出非凡的创意和想象力，展露出不可小觑的艺术潜质。这些游戏中的佼佼者，往往情感细腻、观念深刻，具有较高的艺术感染力。

我们看到，游戏正在萌发出充满活力的艺术新芽。随着时间的推移，游戏与生俱来的交互性将在艺术领域大放异彩，其交互手段也将日臻成熟。未来的游戏将综合文学、绘画、雕塑、建筑、音乐、舞蹈、戏剧和电影等艺术手段，成为大众喜闻乐见的主流艺术。我们相信，游戏终将突破商业模式的樊篱，开拓出属于信息技术的艺术领地，成为既富有情绪感染力又具备心灵触控力的先锋艺术，成为真正的“第九艺术”。

二、独立游戏

独立游戏即独立视频游戏（Independent Video Games），英文简称Indie Game。一般来说，独立游戏有别于主流商业游戏，指个人、小型公司或团队，在没有发行商和外部资金支持的情况下自主开发的游戏。这些游戏风格迥异，种类繁多，没有某种统一的模式或玩法，但通常都体量较小，制作简单。

2005年，独立游戏迎来了第一个繁盛发展期，大批独立游戏开发团队纷纷成立，独立游戏也如雨后春笋般涌现。这一现象的背后有两大原因：一方面，2005年左右游戏引擎技术逐步发展成熟，出现了大量开源引擎及廉价引擎，小团队可以负担起引擎的成本；另一方面，得益于网络的普及，游戏开发者可以绕过发行商，通过网站直接宣传和分发作品。

大量的独立游戏事实上为艺术游戏的生长提供了土壤。我们看到，一些独立游戏立意独特，饱含热情，富于艺术实验性又独具魅力，甚至有部分独立游戏石破天惊，发展为十分流行的热点游戏。例如《时空幻境》（*Braid*）、《粘粘世界》（*World of Goo*）、《浮游》（*flOw*）、《我的世界》（*Minecraft*）等。近年来，不少独立游戏均在艺术层面获得了较高的成就，其口碑甚至优于同时期的商业巨制。

分析发现，这些独立游戏的成功秘诀与商业游戏的常规策略大相径庭。

独立游戏虽然预算紧张，但不需要获得投资方或发行商的批准，也较少受到商业因素的制约。在开发过程中，团队成员可以自行决定开发方向，尽情挥洒创意。项目完成后，也不必经过发行商评估，完全可以通过网络渠道自主宣传、发行。

商业游戏虽然资金充裕，但由于接受了大量风险投资，难免会受到投资方的种种制约——题材、玩法、风格，经常需要向市场需求、投资意向妥协，难以产生革新。

因此，跟大量的商业游戏相比，独立游戏显得特立独行又锐意创新，展现出与众不同的艺术气质。

当然，贴上“独立”标签的游戏并不都是成功与创新之作。很多所谓的独立游戏团队由业余爱好者临时组建而成，成员水平参差不齐，项目计划也脱离实际。据统计，大部分独立游戏都胎死腹中，即便有少部分作品勉强完成，也略显粗糙简陋。真正能被称为艺术品的独立游戏多出自专业人员之手，业余爱好者要想成功仍然需要漫长的学习和磨炼。

目前，独立游戏已经成为游戏行业中独树一帜的力量，每年都会有若干活动在全球举办。例如，每年独立游戏节（Independent Game Festival，简称IGF）与游戏开发者大会（Game Developers Conference，简称GDC）同期举办，吸引了大批独立游戏开发者参与，成为游戏行业的一大盛事。

独立游戏节创办于1998年，主要目的是资助优秀游戏项目，激发创新意识，发掘有潜力的独立游戏制作团队。该活动按照职业组和学生组分别评选优秀作品，奖金约50，000美金，包括年度独立游戏大奖、诺沃奖、最佳视觉艺术奖、最佳音效奖、最佳技术奖、最佳手机游戏奖、最佳人气奖以及最佳学生游戏奖。所有奖项由CMP Game Group组织、游戏开发者大会、游戏开发者杂志和Gamasutra共同评选产生。与之类似的活动还有独立游戏果酱赛（Indie Game Jam）、全球游戏果酱赛（Global Game Jam）、北欧游戏果酱赛（Nordic Game Jam）和英国挑战数码时代大赛（Dare to be Digital）等。

相信独立游戏这一新生力量将会逐渐壮大，不断推动游戏向前发展并最终进入艺术的圣殿。

三、游戏的艺术标准

游戏的评价标准很难一概而论，商业游戏和艺术游戏的评价标准甚至可以说截然不同。

商业游戏的评价标准较为简单。在大部分投资商、开发商和渠道商眼中，游戏是一种营利工具，只要不违反现行法律，游戏的题材和手法并无好坏高下之分，最后的经济回报才是评价一款游戏的主要标准。甚至有一些厂商以利益最大化为唯一目的，在游戏设计中加入大量赌博、色情元素，一味强调“收费点”，大打法律“擦边球”，置社会公德于不顾，造成了较为恶劣的影响。

艺术游戏的评价标准必须不同于商业游戏，避免陷入营利至上的怪圈。因此，在评价艺术游戏时，我们应弱化商业利润的影响系数，建立起一个以艺术属性为核心的评价体系。

本书认为，艺术游戏的评价标准应包括情感、创新和反思三个主要维度。

（一）情感

与文学、绘画和电影等“八大艺术”相似，艺术游戏的核心也是情感。能否营造出震撼心灵的氛围，能否传递出深刻隽永的情感，是评价一款游戏的艺术水平高低的重要指标。

目前，游戏之所以徘徊在艺术殿堂门外、迟迟未获广泛认可，一个重要原因就是大部分游戏中所表达的情感较为单薄甚至浅陋。游戏中竞争胜利的成就感、击杀怪兽的爽快感、角色成长的沉浸感，都局限于某种较为简单的、本能层面的感受，与艺术所要求的情感层次相去甚远。因此，如何通过游戏的互动来表达某种或细腻、或深刻、或复杂的情感，是一个值得思索的重要问题。

《风之旅人》(*Journey*)这款游戏对这一问题进行了较为成功的探索。受市场风向影响,大部分游戏倾向于让玩家成为超级英雄,拥有力量和权力。该游戏却反其道而行之,非但没有加入聊天、语音、战斗等流行元素,反而大量裁减了玩家间的互动,并将同一进程中的在线人数限制为两人。这一设计直接违背了被奉为金科玉律的游戏设计法则。

那么,《风之旅人》的设计理念何在?开发团队thatgamecompany解释道:为了避免玩家之间可能的相互残杀,“我们最终放弃了碰撞的设计。为了取代‘互相推’这一玩法,我们设计了替代机制:当两个人站在一起时,就会给对方能量。于是,玩家们开始喜欢待在一起。玩家开始在游戏中共同飞翔,他们始终在一起,相互爱惜。这个游戏中有很多反馈方式,但把队友推下悬崖却不会产生反馈”[①]。

最终,《风之旅人》以一种简单甚至近于枯燥的交互方式赢得了玩家的认同,他们在游戏中携手前进、惺惺相惜,彼此无法交流却心有灵犀。

游戏中蕴藏着大量不为人知的艺术情感宝藏,潜藏着无限的艺术可能性,《风之旅人》仅仅是对其进行的一个初步的、探索性的发掘。在不远的未来,我们相信年轻的游戏设计师能够发掘出更加丰富的艺术矿藏。

(二)创新

交互游戏自20世纪后期诞生以来,在短短几十年内取得了举世瞩目的成就。在信息技术的推动下,游戏的产业规模不断扩大,技术水准和艺术水平迅速提高。游戏的形态与平台每隔几年就会发生翻天覆地的变革,人们赞叹游戏的巨大经济效益之余,也为游戏对信息技术的巨大引领作用感到振奋。实际上,个人计算机图形处理能力的不断增强主要得益于游戏的推动。人们总是渴望游戏画面更加精美、交互更加流畅,因此,诸如引擎开发商Epic Games、Crytek,显卡开发商NVIDIA、AMD等均投入巨大的科研资源,不断致力于增强游戏的逼真度、交互性、移动性和沉浸感。

技术创新在不远的未来势必进入一个稳定态,届时,游戏在艺术层面的创新就显得尤为重要。作为目前最新的艺术媒介,游戏本身就代表了一种开拓、年轻、创新的艺术态度。因此,勇于突破现有的交互模式与玩法,创造新的艺术表达途径,是艺术游戏最可贵的追求。

当代艺术思潮和创作观念正在发生巨大的变化,唯美主义和装饰主义被边缘

---

① 李姬韧.《风之旅人》设计师分享团队开发游戏的过程[EB/OL].(2014-02-10)[2015-04-10].http://gamerboom.com/archives/81509.

化，观念层面的创新力量正在壮大。美国艺术哲学家Arthur C. Danto甚至认为，艺术已走入观念的领域，此后，艺术只观念性地存在。

反观文学、绘画等传统的艺术领域，划时代的革命已经很难出现。叙事方法、音乐旋律、画面构成、光影色彩都已经被前人反复打磨，成为艺术的经典载入史册。后人想要在前人的领域中有所突破——更不用说有所颠覆——变得步履维艰。正如法国哲学家Jean Baudrillard所说："所有能够做的事情都已被做过了。这些可能性已达到了极限，世界已经毁掉了自身。它解构了所有的一切，剩下的全都是一些支离破碎的东西。"[①]一言以蔽之，大部分当代艺术中所谓的创新都陷入了后现代主义的解构泥潭，难以成为时代的精神支柱。

所幸，旧世界的土壤里，新媒体已经萌芽，信息艺术开始生根发芽。游戏中的交互以及交互所带来的体验只是崭露头角，其背后还蕴藏着无限的可能。唯有创新，才是游戏艺术的出路；唯有创新，才能体现新媒体艺术的价值。

（三）反思

反思是指一件艺术品给观众带来的回味、反省和感悟，是观众在观赏中产生的联想和思考。一件好的艺术作品，不应仅仅具有视觉冲击和装饰美感，更应让人在观赏之后感到回味悠长。这是艺术美感的升华，也是艺术家创作作品的精神动机，更是整个艺术作品的文化内核。真正的艺术作品不应仅具备形式上的美感，更应具备让观众有所感悟、有所反思的精神内涵。

有观点认为，古典艺术中创造纯美的动机已经不再是现代艺术创作时考虑的主要因素，传统的美学体系开始变得难以适用。甚至还有一些艺术品将艺术的观念性发挥到极致，彻底抛弃了传统意义上的形式美。

在2005 年北京新媒体艺术展上，德国ZKM媒体艺术中心专家Peter Weibel明确地指出："美丽的人体、理想化的人体由艺术让给了广告。美已不再是艺术所关注的领域。"[②]

这一理念，可追溯到100多年前。1912年，法国艺术家马塞尔·杜尚（Marcel Duchamp）创作了油画《正在下楼梯的裸体》，尝试在静止的画面上展示连续的运动过程。这幅作品一改旧有的绘画观念，在立体主义和未来主义的基础上表现连续的时间感，画面凌乱破碎又诡异迷离。当时的保守派视其为亵渎神灵一般的污

① 艾蕾尔．观念之殇：当代艺术的美学嬗变［J］．艺术广角，2014（3）：39-49.

② 鲁晓波，黄石．新媒体艺术——科学与艺术的融合［J］．科技导报，2007（13）：30-33.

物，而革新者把它视为“隧道尽头的光明”。

然而杜尚并未止步，1917年，他的装置作品《泉》又一次激怒了包括纽约独立艺术家协会在内的众多组织。因为这件作品其实就是一个陶瓷小便池，杜尚从商店买来后，签上他的大名，就将其堂而皇之地置于博物馆里。杜尚用这个现成品向人们提出了尖锐的疑问：到底什么是艺术品？艺术与生活的界线在哪儿？

时至今日，对杜尚的争论仍未停止。有人批判他动摇了艺术殿堂的神圣基石，也有人称赞他是真正领会并表现艺术真谛的大师。无论如何，杜尚已颠覆性地改变了未来艺术的走向，成为观念艺术的奠基人。

在当代的艺术语境中，游戏不可避免地会受到观念主义的影响。例如，如何通过交互表达观念？如何重建虚拟世界中的价值观？虚拟的世界观是否会影响真实的世界认知？这一切都有待探索。总之，艺术游戏应具备让人有所感、有所思、有所悟的上层精神力量，这一点是毋庸置疑的。

此外，对于一般的游戏，游戏媒体倾向于从游戏的视觉、音乐、故事、游戏性和新手友好度等方面分项考察，相关论述较为丰富，在此不做赘述。

第二节 游戏的媒介特征

看到这里，读者可能会感到疑惑：难道对艺术游戏而言，情感、反思和创新就是所有的创作重点，难道游戏性对艺术性没有影响吗？

游戏虽然以情感、创新和反思为主要艺术标准，但其基本艺术手法仍然是交互。游戏的核心艺术力量源于观众与作品的互动，以及互动所产生的游戏性。因此，正确了解游戏自身的媒介特征，充分运用交互自身的表现力，对创作者而言意义重大。

一、魔法圈

魔法圈（Magic Circle）指游戏中自成体系的假想世界与真实世界之间的界限。该词源自荷兰语言学家及历史学家赫伊津哈（Johan Huizinga）的游戏著作《游戏的人》（*Homo Ludens*）。赫伊津哈在书中写道，“魔法圈”不仅仅存在于儿童的游戏中，还存在于成人的法庭、婚礼、宗教仪式等一些特殊的场合下，它将人们的幻想与现实分隔开来。

在Katie Salen和Eric Zimmermann合著的《游戏规则：游戏设计原理》（*Rules of Play: Game Design Fundamentals*）一书中也提出，玩游戏意味着你进入了一个魔法圈，或者在游戏开始的时候你创造了一个魔法圈。[①]

在魔法圈中，通过人为定义的游戏规则，玩家的行为被赋予了特殊的含义：围棋子的数量、足球进入某个门框、飞镖的击中点变得引人注目，一切事物都被晕染上了奇异的色彩。就像在玩飞行棋之前，地图只是印花的纸张，骰子只是塑料方块；而游戏开始后，这些游戏道具就有了重大的意义：棋子开始代表某个玩家，地图开始成为世界，角色则开始按照规则移动，大家开始热切地关注某个塑料棋子能否第一个到达终点。这一切发生的时候，并没有任何真实的物理或化学反应，一切荣誉和竞争都仅仅存在于玩家的想象之中。

可见，游戏似乎具有一种魔力，能够把假想世界和现实世界分开。在魔法圈内，人们就像来到了一个新的世界，他们在那里不再遵循日常的行为规则，转而遵守圈内的新规则。时常有人担忧游戏中的虚拟行为会使人和现实行为混淆，担忧游戏会干扰人们的道德判断和社会责任。实际上，认知正常的儿童都不会犯此类低级错误。孩子们无须大人提示，就天生地知道“过家家”只是虚拟扮演，游戏只是假装进行各种看似惊悚或刺激的行为。在游戏世界中，只要魔法圈被确认，人们的正常生活就不会被扰乱。

未来，人们真正应该担忧的恰恰是魔法圈的消失。随着虚拟现实和混合现实技术的发展，游戏的拟真程度令人不安。在最极端的情形下，玩家将难以区分现实和虚拟。届时，不排除有人会基于商业目的，刻意打破二者的界限——这才是真正的威胁——游戏的规则被无视和践踏，人们的直觉被欺骗和利用，游戏的魔法圈被混淆和摧毁。

应该说，一切艺术都会产生魔法圈，如人们阅读小说、观看电影或者聆听音乐时，现实世界会褪色，假想世界开始浸入。而游戏魔法圈的特点在于，它会基于规则产生行为，通过类似扮演的假装行为塑造想象世界，这种魔法圈更加需要参与性，因而更加强烈而难以忘怀。

---

① SALEN K, ZIMMERMAN E. Rules of play: game design fundamentals [M]. Cambridge. MA: The MIT Press, 2003:91-99.

二、交互性

社会学者Clark C. Abt在《严肃游戏》(*Serious Games*)一书中提出：游戏是两方或多方决策者在某一限定的情景(Context)下谋求达到其目标的活动。更通俗地讲，游戏就是在规则下从对手那里获取目标的活动。不难发现，这一定义强调游戏者需要积极作出决策、谋求目标这一事实。这也正是大多数数字式交互游戏的构造基础，玩家不停地做各种决定，然后计算机反馈出相应的结果，如此循环往复。

Chris Crawford是最早的游戏设计师之一，他在被奉为游戏设计经典的《计算机游戏设计的艺术》(*The Art of Computer Game Design*)一书中指出："(游戏)关于真实最迷人的地方不在于它的真实感或变化性，而是在于一切事物都通过因果的复杂网络而联系在一起所带来的变化方式。适当而唯一地表现这种纠缠的方法，是让观众去探索它的角落和缝隙，让他们自己促成事因并观察结果……游戏提供的交互性正是其具有吸引力的关键因素。"①

相比之下，小说、电影以及戏剧等传统媒介是单一流向的艺术，作者主动创作一件作品，观众被动地欣赏；而游戏是双向沟通的艺术，观众不但能从游戏中获取信息，而且能够改变游戏系统。也就是说，我们读书，作者娱乐我们；而我们玩游戏，则是自娱自乐。不管我们花多长时间读一本书，书的内容不会改变；而我们玩游戏时，我们作出的不同选择却可能影响事件的整个进程，且每次游戏的过程都可能互不相同。这就意味着在游戏中，玩家能够按照自己的意志，随意创造、抛弃或改变游戏世界。典型过程表现为：玩家在游戏中选择行动方式，接着游戏系统被这一行动所塑造，然后该系统的状态将反过来影响玩家的下一步决策。

游戏中的交互是一种基于自由意志的选择，以及这种选择所带来的系统性变化。当然，从某种程度上说，阅读和观看也是一种有意识的、主动的过程。如一些研究文学和戏剧的理论家认为，观众在阅读或观看的过程中，他们的理解力以及表达力随着时间的推移发生了改变。但是，就真正的内容而言，文学作品或戏剧中呈现的内容已被发布，无法改变。在这个意义上，阅读和观影不具有即时的交互性。

可见，游戏的交互性(参与性)是其区别于其他艺术形式的基本特征。玩家不能只是被动地聆听或观看，也不能只是冥想或假设，他(她)必须亲自参与才能切实地体会到游戏的魅力。

综上，交互一方面带给游戏一个动态的过程以及动态的结果，另一方面也给观

① CHRIS CRAWFORD. The art of computer game design [M]. Berkeley, CA: Osborne /McGraw-Hill, 1984: 9-10.

众带来一种必须亲自参与才能感受的深刻体验。此外，游戏的交互具有即时性。玩家期望行为造成的系统反馈能瞬间达成，而这一点经常被设计师忽视，因此我们在设计中必须加以重视。

三、规则性

规则性是游戏的基本特征，也是开发游戏的核心。

游戏本身包含着行动的自由以及行动选择上的自由。我们进行游戏时可以作出不同的选择，拥有不同的体验，但这些选择的自由程度受到规则的限制。然而，正是这种限制造就了游戏的乐趣。规则让我们在游戏中更聪明、更具有想象力，操作也更加熟练。

游戏学家David Parlet认为，游戏可以分为正式游戏（Formal Games）和非正式游戏（Informal Games）两大类别，其中终点和规则的有无是界定两类游戏的标准。

非正式游戏多是无目标的嬉戏，如儿童或小动物的翻滚打闹；而正式游戏则具有终点和方式。这里所谓的终点是指游戏需要达到某一目的。只要游戏的一方可以完成这一目标，此时游戏便宣告结束，达到目标意为胜利。因此，正式游戏在概念上会有一个赢家，并且获胜将是这个游戏的终点。终点具有达到目标和宣告结束两重含义。而方式是指默认的道具和程序化的规则，通过该规则游戏者得以运用道具并获取胜利。①

David Parlet关于终点和方式的概念均是游戏规则性的子集，其重要意义在于区分了无规则游戏和规则游戏，即我们可以将正式游戏看作规则游戏，将非正式游戏看作无规则游戏。其中，是否存在特定的终点和既定的方式是将二者区别开来的判断依据。无规则性或规则性较弱的游戏为无规则游戏，规则性较强的游戏为规则游戏。

规则决定了游戏的基本玩法和交互形态，使得游戏成为不同种类的娱乐形式。如角色扮演游戏的规则重点在于如何扮演和成长，动作游戏的规则重点在于如何快速而准确地操作，而策略游戏的规则重点在于如何规划和谋略。表面看基于玩法的游戏分类，其本质也是基于规则的。

事实上，游戏设计师创造一款游戏最大的挑战，正是游戏规则的建立。正如工业设计师的工作内容是创造生活的方式和工具，建筑设计师的工作内容是创造人

① DAVID PARLETT. The oxford history of board games [M]. New York: Oxford University Press, 1999: 1-3.

居的空间和体验一样，游戏设计师的工作内容是创造富于变化又公平可靠的游戏规则。我们玩的每个有趣游戏的背后，都隐藏着一套凝聚了游戏创造者聪明才智的规则，看似简单的规则、数值，都经过了多次打磨和改良。

从更加宏观的层面来看，规则和交互两个变量既相互联系，又相互牵制：规则意味着严格有序的框架约束，交互代表着无拘无束的玩家意愿。

利用游戏中的这两个基本量，我们甚至可以建构出更加有趣的游戏分类法。法国学者Roger Caillois按照规则与自由程度的不同，将游戏分为四种主要类型：

竞争类（Agôn）：既有自主又有规则，例如下棋、足球等游戏；

运气类（Alea）：有规则，但是少有自主，例如骰子游戏、轮盘赌等游戏；

模拟类（Mimicry）：有自主，但是少有规则，例如角色扮演、积木等游戏；

眩晕类（Ilinx）：既少有自主又少有规则，例如过山车、滑梯等游戏。

当然，大部分游戏都兼有自主和规则，人们也更加喜欢规则简单、变化丰富的游戏。

四、游戏性

游戏性也叫可玩性，大体是指游戏中交互的有趣程度。多年来，人们一直尝试为游戏性作出一个明确定义，却始终未能成功。例如，游戏设计大师Sid Meier对游戏性的著名定义是“一系列有趣的选择”；而设计师Dino Dini则把游戏性定义为“有趣的交互”；还有人认为游戏性概念比较宽泛，是一种综合的游戏体验。

归纳起来，关于游戏性的主要观点大体可分为狭义和广义两种不同的认识：

狭义的游戏性概念认为，“游戏性是指并非其他艺术形式在游戏中展现，而为游戏（艺术）所独有，吸引游戏使用者的游戏内容的组织与结构”[①]。这一论点将美术、音乐、叙事等其他艺术形式的手段排除到游戏性设计之外，所谓“游戏（艺术）所独有”的手段均围绕交互性展开，限于游戏中的思考、选择、操作与互动。

广义的游戏性概念认为，游戏性是指激发游戏特有乐趣与体验的必要元素的集合，是用来衡量、评判玩家在某一特定游戏中的体验的指标。这一描述回避了脱离游戏主体的孤立的界定方式，将游戏特有的乐趣和体验列为游戏性的核心，并且限定各游戏性元素应具有“必要性”。也就是说，游戏性以体验为核心，涉及交互设计、规则设定、情绪调动等多方面的内容。

---

① 黄石，丁肇辰，陈妍洁.数字游戏策划[M].北京：清华大学出版社，2009：250.

对于游戏设计而言，这些定义太过抽象，难以在实际操作中落实，因此将游戏中最重要的设计元素抽离出来，供读者参考。

一般来说，大部分游戏都可以从挑战（目的）、动作（操作）、幻想（语境）三个点出发，进行有效的游戏性创造。

（一）挑战（目的）

挑战（目的）是设计师事先为玩家设定的不易完成的任务，要求玩家在智力或运动方面有所付出。挑战可以有不同类型，可能会像投篮一样简单直接，也可能会像经营企业一样复杂；挑战可以是独一无二的，可以是重复出现的，也可以是随机或连续的。

通常的挑战设计采用富有节奏的关卡形式，玩家先面对重复出现的简单挑战，如杀死一定数量的敌人，然后遭遇最终且艰难的挑战——击败关底的守关角色（Boss）。例如，在《雷电》（*Raider*）中，击落敌机是重复性的挑战，避免被击中则是连续性的挑战，而击落最后的大型飞机则是唯一的挑战。这些不同难度、不同形式的挑战构成了富有节奏感的游戏过程，一张一弛，难度递增。

（二）动作（操作）

动作（操作）是指玩家能够采取的、用来克服挑战并完成游戏任务的行为，包括两种基本类别：策略性操作和敏捷性操作。

一般来说，游戏的操作应该足够简单，甚至简单到玩家无须学习便能领悟。但操作简单绝不意味着游戏没有难度。我们要通过关卡和规则调节行动失败率，使玩家虽然明白游戏的操作（玩法），却无法精通胜利的技巧（策略）。正如宫本茂设计的游戏《超级马里奥兄弟》（*Super Mario Bros.*）那样，游戏的基本操作非常简单，一切玩法都通过“跳”这个动作来实现，然而通过关卡却具有较大难度——沿途的怪物和障碍会花样百出地阻止玩家达成目标。

针对动作的设计主要通过游戏规则来定义，需要指出特定情况下哪些动作被允许和鼓励，哪些动作被禁止，以及二者之间的灰色地带。可能有一些操作在克服挑战中并没有太多作用，但它们能给玩家带来乐趣，因此也可以有选择地保留。

综上，游戏性主要由挑战和动作产生，二者相互联系，无法分割。只设计令人感兴趣的挑战而没有用来克服挑战的动作，或者是只有令人兴奋的动作而没有可以用动作解决的挑战，都是残缺不全、亟待改进的设计。

（三）幻想（语境）

幻想（语境）在游戏娱乐的过程中也扮演着重要角色，有设计者认为它们是游戏性的基本要素之一。我们可以将幻想视作交互的某种背景、基调或者氛围。玩家会带着幻想中的情绪进行操作，进而产生丰富的情感。

也许这一要素相较规则而言更加静态，缺乏随机变化的能力。但正是这一要素塑造了游戏的大部分细节。例如，同样采用沙丘模式（Dune Genre）玩法的即时策略游戏，会由于题材和语境的差异呈现出大不相同的体验。喜爱古代历史的玩家会被《帝国时代》（*Age of Empires*）中拟真的历史背景和人文气息所吸引，追捧《魔兽争霸》（*Warcraft*）的玩家会醉心于游戏中曲折的故事、细腻的动画和丰满的角色，而热衷于《星际争霸》（*StarCraft*）的玩家则更多地倾心于游戏本身的平衡程度、诡异风格与多变战术……这些有关游戏性的体验都发生于意识可以察觉的层面，极大地左右着玩家的个人判断。

可以说，幻想层面的体验效果多通过传统的技巧达成，例如绘画、音乐和故事是现阶段游戏用以表达情绪的常用手段。这些技法较为传统，但这并不意味着它和交互性没有关联。事实上，叙事性和交互性的关系如同硬币的两面，看似分离却实为一体，二者共同构建了游戏的二分性体验——艺术体验与游戏性体验。

第三节　创意概述

创意是艺术设计中最难以量化、最难以驾驭却最为重要的部分，它是包括游戏在内一切艺术形式的灵魂。失去创意，作品就只剩下一层华丽的表皮。

香港设计师刘东利认为：“设计就是创新。如果缺少发明，设计就失去价值；如果缺少创造，产品就失去生命。”[①]日本设计师武藏野则直接将设计定义为“追求新的可能”。

创新令作品生动鲜明，艺术设计的本质就是要求新、求异、求变。而这个“新”有着不同的层次，它可以是改良性的，也可以是创造性的。但无论如何，只有新颖的构思才会使作品脱颖而出，迈出走向成功的第一步。

---

① 梁燕．浅谈设计美学观［J］．商业文化（学术版），2010（1）：138.

一、创意的定义

创意（Creativity）是艺术设计的核心，但其迄今为止并没有一个公认的定义，不同学派对“创意”一词的解释有很大差异：有的强调创意的风格，有的侧重创意的过程，还有的强调创意者的个人特质或者几者兼顾。

早在古希腊时期，亚里士多德就将“创意”定义为“产生前所未有的事物”，这一定义不仅包括了精神领域，也包括了物质世界。从中文该词的根源上看，“创”在《辞源》的义项主要有戕伤、始、造、惩等，反映出来的主要倾向是“破坏”和“开始”；“意”的义项主要为意念、意图、意义等，强调创造的精神性过程。我们不难看出，“创意”一词的原意应该是“颠覆并建设的精神性过程”。从语义学的角度看，广义的创意是在破坏和突破旧事物的前提下重新构建并产生新事物的一种精神活动。

一些西方哲学家认为，创意就是创造性的意识，是人类创造性认识活动中的一种最奇妙、最有趣、最积极的精神现象。这一观点将创意提高到人类精神建筑的顶端，体现出人类对创意的高度重视。

我国也有重视艺术创意的传统。两千多年前，《大学》就主张：“苟日新，日日新，又日新。”孔子则曰：“不愤不启，不悱不发。举一隅不以三隅反，则不复也。”这些都明确地反映出中国古代早有不断更新、不断创造的思想。

唐代王士源在《孟浩然集序》中写道：“文不按古，匠心独妙。”赞赏孟浩然写作有巧妙又独具一格的艺术构思。陆机在《文赋》里说：“谢朝花之已披，启夕秀于未振。”朝花已开，指别人已经写过的意境，既然谢掉，便不再去写它；夕秀未振（晚上还没开的花朵），指别人没有写过的，要放开来写。他以此譬喻道出了忌因袭、重独创的主张。王国维在《人间词话》中谈道：“美成深远之致，不及欧、秦，唯言情体物，穷极工巧，故不失为第一流之作者。但恨创调之才多，创意之才少耳。”[①]

可见，在艺术领域，古今中外的人们都偏好具有创意的作品。西方现代艺术所强调的Original（原创）与中国古代文人所赞扬的“独具匠心”如出一辙。

在科学领域，创意的归纳与分析则更加体系化、学术化。心理学家认为，分析创意至少应该从以下四个方面入手：创意过程、创意对象、创意者、创意的环境。而其中最重要的两部分是过程与对象。过程是个体内部发生的，是内隐的、难以描述

---

① 杨守森．艺术境界论［J］．山东师范大学学报（人文社会科学版），2006（5）：26-35.

的；对象是创意的产物，是可外显的、可被定义的。

美国心理学家Paul Torrance把创意描述为这样一个过程：“（创造者）对问题，对不足，对知识上的缺陷，对基本元素的丢失、不协调、不一致等现象十分敏感；然后找出问题，寻求解决途径，作出猜想或假设；再对假设进行检验和再检验——也许是修改和再检验—— 达到最终结果。”德国学者Klaus K. Urban把创意定义为“在解决某个指定的问题时能创造新的、不寻常的和令人吃惊的产品的能力”。美国学者Doris Wallace和Howard Gruber认为，“创意是新颖和价值的统一体：具有创意的产品应该既新奇，而且从某种外在的标准来看是有价值的”。Gregory J. Feist则指出创意是“新颖而且适于作为问题解决的方法”。[①]

我国心理学界对创意的界定主要集中在创造学领域。如曹日昌提出，创意活动是“提供新的、第一次创造的、新颖而具有社会意义的活动”[②]。黄希庭认为，创意活动是“一种提供独特的、具有社会价值产物的活动”。他还指出，创意“不仅要具有独特性，而且必须符合客观规律，具有社会价值”[③]。彭聃龄认为，创意是“提供新颖的、首创的、具有社会意义的产物的活动”[④]。台湾学者郭有遹提出，创意“是个体或群体生生不息的转变过程，以及知、情、意三者前所未有的表现，其表现的结果使自己、团体或该创造的领域进入另一更高层的转变……”[⑤]

目前，比较一致的看法是把创意定义为：根据一定目的，运用一切已知信息产生出某种新颖、独特、有社会或个人价值的产品的能力。这里的“产品”是指以某种形式存在的成果，它既可以是一种新概念、新设想、新理论，也可以是一项新技术、新工艺、新产品，即学者Robert Sternberg所说的“新颖而且适于作为问题解决的方法”。

二、创意的标准

创意的标准主要针对创意的最终结果进行判断，大体包括新颖性和适用性两个方面。

新颖性指推陈出新的、前所未有的，也包括独创的、独特的、预想不到的结果。

---

① 徐展，张庆林.关于创造性的研究述评[J].心理科学进展，2001(3)：36-40.

② 曹日昌.普通心理学（上册）[M].北京：人民教育出版社，1979：310.

③ 黄希庭.心理学导论[M].北京：人民教育出版社，1991：476.

④ 彭聃龄.普通心理学[M].北京：北京师范大学出版社，1988：348.

⑤ 郭有遹.创造心理学（第三版）[M].北京：教育科学出版社，2002：7.

"新颖"主要指不墨守成规、破旧布新、前所未有，这是相对历史而言的，是一种纵向比较；"独特"主要指不同凡俗、独出心裁，这是相对他人而言的，是一种横向比较。

从创意的新颖性出发，可以把创意分为两种不同的类别：一种是在旧事物的基础上进行改良革新，如工厂的技术人员对传统的生产方法进行优劣分析，弥补原有的不足，增加新的优势，提高生产效率。这种技术创意便是所谓的"推陈出新"。另一种是不十分依赖于现成的旧事物，而通过创造"灵感"产生独特的新事物，如牛顿在苹果树下忽然想到苹果为什么不会向上"掉"，后来他通过持续研究提出了经典的牛顿力学，这种创意重在"前所未有"。

适用性指在特定的情境中，不超出现有条件的限制，并且产品是有用的、有社会价值或者有个人价值的。"有社会价值"是指对人类、国家和社会的进步具有重要意义，如重大的发明、创造和革新；"有个人价值"则是指对个体发展有意义，而非抄袭模仿。

这一判定标准之所以针对创意结果而非创意过程，并非不重视创意过程，而是主要基于以下两点原因：一方面，创意通常是通过进行创造活动、产生创造产物体现出来的，因此根据创意结果来判断个体是否具有创意是合理的；另一方面，由于创意的最终产品通常是可以触摸的客观事物，或可以进行交流的思想观念，因此可以对产品所体现的创意进行评价。如果以个体的创意过程、人格因素等作为判定标准，将会受到心理学对个体的心理过程、个性特征的本质研究状况的限制，难以获得有效的评价。由此可见，以创意结果为标准判断创意更为适宜——既符合科学研究的操作性原则，又能够获得较高的可信度。

时至今日，信息技术进一步改变了人与自然的关系，凸显了人作为创造者本身的存在价值。传统艺术概念中所隐含的创意属性，越来越成为艺术的核心思维，成为艺术评价的首要标准。创意不仅是针对艺术媒介和艺术工具的技术创意，更是针对人文内涵和文化内核的意识冲击，是对人的意义和价值的创造性响应。

在实业界，英国率先提出了"创意经济"的概念，使创意产业及其思潮席卷全球。在1998年的《英国创意产业路径文件》中，创意产业被定义为"源自个人创意、技巧及才华，通过知识产权的开发和运用，具有创造财富和就业潜力的行业"[①]。它包括广告、建筑、艺术和文物交易、工艺品、设计、时装设计、电影、互动休闲软件、音乐、表演艺术、出版、软件、电视广播等13个行业。而所谓的互动休闲

① 金元浦．文化创意产业的历史性出场［J］．求是，2008（6）：57-58.

软件就是游戏软件。游戏产业在创意经济领域有着不可忽视的重要地位。

综上，创意不仅是艺术审美的主要维度，也是社会经济的重要组成，更是人类在精神层面的价值所在。我们必须高度重视游戏艺术创作中的创意问题，将匠心与匠意在游戏这个新媒体中薪火相传。

三、创意思维

世界文明进步的历史，基本上是人类创意能力的发展历史。然而在19世纪之前，人们对创意思维往往只有表面的赞美而无深刻的研究。

19世纪中叶，英国心理学家Francis Galton对天才的初步科学研究，为创意思维的科学研究播下了种子。他在《遗传的天才》（*Hereditary Genius*）一书中公布了他研究的977名天才人物的智力特征。977名天才人物中有89个父亲、129个儿子、114个兄弟，共332名杰出人士。而在一般百姓中平均4，000人才产生一名杰出人物。在调查的30个有艺术能力的家庭中，其子女有艺术能力的占64%，一般家庭子女只占12%。这一研究数据具有重要的历史意义。不过，Galton由此断定普通能力和特殊能力均是遗传所致，忽略了家庭后天教育的影响，带有“阶级先天论”的色彩。

此外，他还是第一个进行“自由联想”实验的研究者。“自由联想”实验实际上可被视为最原始的创意思维测验。这种研究方式被后人广泛采用，在现行的创造性测验中，仍包含与此相似的项目（如词汇联想等）。他的工作为以后创造性研究奠定了基础。

完形主义心理学（亦称格式塔心理学，Gestalt Psychology）的创始人Max Wertheimer关于创意思维的研究则进一步将其完善。1945年，Max Wertheimer出版了《创造性思维》一书，深入细致地论述了创意思维的过程。他按思维的历程与结果，将思维区分为复制思维和创意思维两种类别。复制思维（或常规性思维，也称再造性思维）是指人们运用已获得的知识、经验，按现成的方案和程序，用惯常的方法、固定的模式来解决问题的思维方式。与之相对，创意思维是指以新异、独创的方式来解决问题的思维。

Max Wertheimer认为，思维过程既不是形式逻辑的逐步操作，也非联想主义盲目的联结，而是格式塔的“结构说”。这种格式塔结构既非来自盲目的练习，也不能归因为过去经验的重复，而是通过顿悟获得的。他认为，创造过程是一种摸索的过程，需要克服过去经验的障碍，重视对未知情境的观察，以寻找把各要素连接起来的可能关系及其相互依存的内在本质。

从历史的角度来看，Wertheimer用格式塔心理学的观点来解释创造性思维，将对创造性的研究从以前偏重动机、人格的研究引向了认知方面的探索。但我们也应看到，他立足于知觉研究，强调对事物内在关系的顿悟，较少考虑到创造主体本身的知识和经验，缺少对顿悟的机制研究。

20世纪50年代后，创意思维的研究开始突飞猛进，此后取得了许多突破性的进展，尤其以由美国心理学家Joy Guilford的相关研究最引人瞩目。

我国对创意思维的研究起步较晚，但也有一定的成果。例如发展心理学家林崇德提出，创意思维属于智力因素，它有五个特点：

创意活动新颖、独特且有意义；

思维和想象是创意思维的两个重要部分；

在创意思维过程中，新形象和新假设的产生带有突然性，常常称为灵感；

在思维的意识的清晰性上，创意是分析思维和直觉思维的统一；

在创意思维的形式上，它是发散思维与辐合思维的统一。①

以下本书就Joy Guilford提出的发散思维与辐合思维分别进行介绍。

（一）发散思维

创意思维是多种思想共同演绎的过程，是包括发散思维、辐合思维、逻辑思维等多种思维模式在内的综合结果。其中以发散思维最为重要。

发散思维（Divergent Thinking）又叫辐散思维、求异思维，由美国心理学会主席Joy Guilford于1967年提出。

Guilford认为，人类的智力应由三个维度的多种因素组成：第一维是指智力的内容，包括图形、符号、语义和行为等4种；第二维是指智力的操作，包括认知、记忆、发散思维、辐合思维和评价等5种；第三维是指智力的产物，包括单元、类别、关系、系统、转化和蕴涵等6种。这样，由4种内容、5种操作和6种产物共可组合出120种独立的智力因素。

Guilford认为创意思维的核心就是处于第二维度的发散思维。他和他的助手着重对发散思维进行了较深入的分析，在此基础上提出了关于发散思维的4个主要特征：

---

① 林崇德. 创造性人才·创造性教育·创造性学习[J]. 中国教育学刊，2000(1)：5-8.

1.流畅性(Fluency)

流畅性指在短时间内能连续地表达出的观念和设想的数量，要求对刺激能很流畅地作出反应，同时，在这一过程中不刻意追求质量，仅仅以最快的速度反应数量。

2.变通性(Flexibility)

变通性指能从不同角度、不同方向灵活地思考问题，要求对刺激具有随机应变的能力。

3.独创性(Originality)

独创性指具有与众不同的想法和独出心裁的解决问题思路，要求在创意的过程中尽量想到别人想不到的方案，达到意料之外的效果。

4.精致性(Elaboration)

精致性指能想象与描述出事物或事件的具体细节，要求创意不仅具备初步的轮廓，还应具有丰富的细节。[①]

Guilford的智力结构论中引人瞩目的内容之一是对创造性的分析。他把以前被智力概念忽略的创造性与发散性思维联系起来，还将发散性思维与聚合性思维相对应。他的理论提出要进行创造能力的研究和创造性测验，这为研究创意思维提供了新的线索。

（二）辐合思维

辐合思维(Convergent Thinking)又叫集中思维、求同思维，是思维者收集与问题有关的信息，在思考和解答问题时进行重新组织和推理，以求得唯一正确答案的收敛式思维方式。

发散思维是从给定的信息中产生信息，其着重点是从同一的来源中产生各种各样的为数众多的输出，在这一过程中，很可能会发生转换作用。而辐合思维是依据给定的零散信息得出一个有效或合理的答案或结论。

Guilford提出，发散能力测验要求得到不止一个答案，其评分的主要依据是反应的新颖和多样。例如，要求受试者提出一块砖的多种用途或给一个短篇故事想标题。而辐合思维是在发散思维所提供的大量事实基础上，经过分析和比较从中提出一个可能正确的答案或结论，然后经过检验、修改、再检验甚至推翻，再在此基

① 吉尔福特.创造性才能[M].施良方，译.北京：人民教育出版社，1991：41.

础上集中提出一个最佳的、有效的答案或结论。例如，设计师从各种游戏的形式及规则中寻找它们的共同点，对不同设计文案进行归纳总结，从而得出优秀的设计。

在应用辐合思维方法时，一般要注意三个步骤：

第一步是收集、掌握各种相关信息。收集和掌握与思维目标相关的信息是选用辐合思维的前提，有了这个前提才有可能得出正确结论。

第二步是对掌握的各种信息进行分析、清理和筛选。这是辐合思维的关键步骤。通过对收集到的各种资料进行分析，区分它们与思维目标的相关程度，以便把重要的信息保留下来，把无关的或关系不大的信息淘汰。经过清理和选择后，还要对各种相关信息进行抽象、概括、比较和归纳，从而找出它们共同的特性和本质。

第三步是客观地、实事求是地得出科学结论，获得思维目标。

与发散思维相比较，辐合思维有同一性、程序性和比较性三个特点：

同一性是指辐合思维具有求同性，即找到解决问题的办法或答案。

程序性是指在解决问题的过程中操作的程序。先做什么，后做什么，按照严格的程序使问题的解决有章可循。

比较性是指把寻求到的几种解决途径、方案、措施或答案进行比较，找出较佳的途径、方案、措施或答案。

辐合思维通过集中大量事实，提出一个可能正确的假设，经过检验、修改、甚至推翻，再在此基础上集中分析，提出新的假设，直到解决问题。

辐合思维和发散思维并不矛盾。由于创意思维中的创造性产物不可能在原有的经验和办法中产生，所以它既需要发散思维又需要辐合思维。一方面，我们通过发散思维开阔思路，拓宽视野，提出多种设想、新办法；另一方面，漫无边际的发散后，我们最终还要集中有价值的要素进行真正的创造，这必须靠辐合思维才能做到。

从这个意义上讲，发散思维是辐合思维的基础，辐合思维是发散的出发点和归宿，二者都是创意思维不可或缺的重要组成部分。

四、创意过程

创意过程主要是指发现问题、解决问题并产生出既新颖又适用的新产品的思维过程。虽然灵感、顿悟等创意的出现具有突然性、偶然性、无意识等特点，但是仍有一些心理学家和学者力图用巧妙的方式来揭示创意和灵感出现的规律。

例如，英国心理学家Graham Wallas在《思维艺术》（*The Art of Thought*）

一书中提出，创意的过程包括准备（Preparation）、萌芽（Incubation）、灵感（Illumination）和求证（Verification）四个阶段：

准备：创意者的头脑必须时刻做好准备，对课题进行深入、持续的思考；

萌芽：当创意者远离课题，参加到一个与课题无关的活动中时，创意的萌芽往往随之产生；

灵感：创意者在日常生活或者无关活动中，一个天才的想法忽然间浮现在脑海；

求证：创意者对这个想法的可行性进行验证，例如音乐的灵感是否符合节律、数学的灵感是否能够被证明等。

创意的过程充满了随机性和偶然性，要求创意者具备艺术家或天才般的思维潜力。与此不同的是，Joseph Rossman在《产业创意：发明家心理学》（*Industrial Creativity: The Psychology of the Inventor*）一书中针对创意思维过程提出了更加条理化的建议，他将创意过程划分为七个步骤：

第一，对某种需求和难点的观察；

第二，对这种需求的分析；

第三，对所有可利用情况的综合考虑；

第四，对所有客观解决方式的系统表达；

第五，对这些解决方式利弊的批评分析；

第六，新意念的诞生，创造发明；

第七，进行试验，选择和完成最理想的创意方案。

头脑风暴的创始人Alex Osborn认为：与其提出一个全新的想法，不如驯化一个狂野的主意。他在提出头脑风暴法之余，把创意过程分为七个阶段：

定向：强调某个问题；

准备：收集有关材料；

分析：把有关材料分类；

观念：进行各种各样的选择；

沉思：“松弛”，促使启迪；

综合：把各个部分结合在一起；

估价：判断所得到的思想成果。

此外，美国心理学家Silvano Arieti在《创造的秘密》（*Creativity: The Magic Synthesis*）一书中提出创造活动有三个过程：

原发过程（潜意识过程）：是精神活动的一种方式，特别是心灵的无意识的活动方式；

继发过程（意识过程）：是思维处于清醒状态下使用正常逻辑时的活动方式；

第三级过程（审美的升华过程）：是原发过程与继发过程的特殊结合。“第三级过程用特殊的机制与方式把精神和物质两种世界混合起来，并且在许多情况下把理性和非理性两种世界混合起来”，结果便产生了创造性思维。

美国学者Ellis Torrance把创意思维看成是感知困难、问题，感知信息间的裂缝、缺失因素并作出猜测，形成假设，随后评价、检验前面的猜测和假设，最后将结果表达出来的过程[①]。

随着科技的发展，近年来人们对创意思维的研究逐渐受到新技术的影响，生物学方法、计算机方法等新方法开始被运用到创意思维的研究中。在游戏设计等艺术领域，灵感和创意的重要性与日俱增。创意思维及人脑的秘密，将被新工具与新方法进一步揭示，人类终将破解创意思维的密码，开创出文明发展的新天地。

思考题：

1. 游戏是艺术的一种吗？请提出观点并阐述理由。
2. 艺术最核心的特质是什么？
3. 游戏与文学、音乐等其他艺术形式的主要区别是什么？

① 施建农．创造性系统模型［J］．心理学动态，1995（3）：1-5.

第二章 创意游戏分析

本章要点:

1. 独立游戏分析
2. 游戏的寓意
3. 游戏中的情感表达

自独立游戏节(Independent Game Festival)举办以来,大量极具创意的游戏开始为世人所知。本章撷取了一些有特点的独立游戏(大部分源自独立游戏节的历年获奖作品)逐一进行介绍,分析它们的创意来源与创作特点,以飨读者。

第一节 冒险类游戏

一、《安琪拉之歌》

《安琪拉之歌》(*Aquaria*)是一款由Bit Blot设计并研发的二维冒险游戏,该游戏于2007年发行,可在Microsoft Windows、Mac OS X、Linux、Android和iOS等平台运行(如图2-1)。《安琪拉之歌》曾荣获2007年独立游戏节最高奖项——塞尤玛斯·麦克纳利奖。

游戏中,玩家扮演一位名叫奈亚(Naija)的失忆少女,在水下世界“安琪拉”中不断探索。从海底洞穴到一座座废墟,再到阳光照耀下的绿洲,奈亚将发现一系列来自远古的秘密,了解这个世界上文明的创建过程,并寻找自己的记忆。

图2-1 《安琪拉之歌》标题界面

在《安琪拉之歌》中，玩家可以用吟唱韵文的方式与很多事物互动（如图2-2）。当点击奈亚时，她的身边将出现八个音符，按照不同顺序吟唱音符将产生不同旋律、激活不同功能，例如添加护盾、搬移岩石块、攻击敌人、打开通往另一水域的大门等。随着游戏进程的推进，玩家将掌握更多的吟唱方式。值得一提的是，《安琪拉之歌》的核心玩法和音乐息息相关，自玩家进入游戏的一刻起，他们的耳边将不断萦绕着或优美、或活泼、或忧郁、或感人、或紧张的精妙音乐。结合色调丰富、光影柔和又质感特殊的画面，《安琪拉之歌》为玩家带来了一场丰富的视听盛宴。

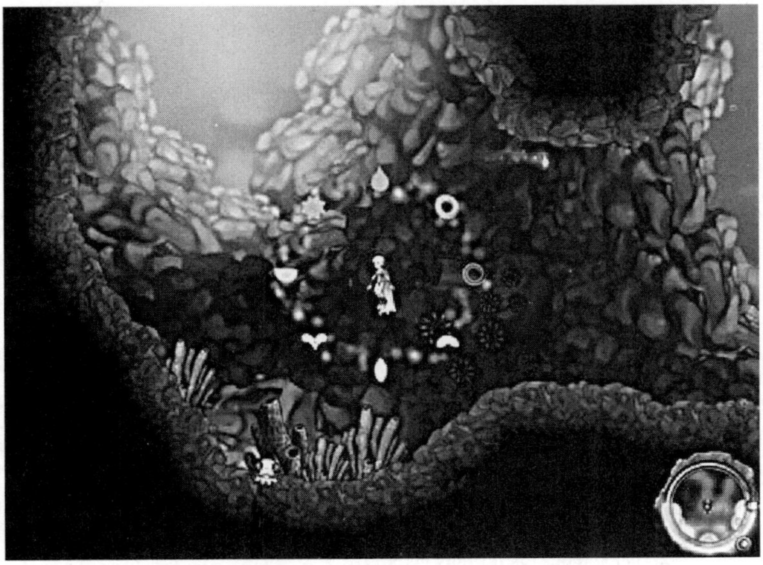

图2-2 《安琪拉之歌》中奈亚吟唱韵文

《安琪拉之歌》里非线性的关卡允许玩家在不同水域中自由穿梭。水底植物在奈亚咏唱韵文后破裂并吐出物资，玩家可将其收集并在水底的“家”中按照食谱合成食物，以加强角色的自身属性。游戏中可收集的物资种类众多，烹饪系统庞大，让看似空洞、广袤的海底世界变得丰富多彩，促使玩家在思考物资使用的同时，鼓励玩家仔细观察场景，和更多的元素互动。①

虽然我们可将《安琪拉之歌》定义为一款较为“安静”的游戏，但其含有数目众多的战斗元素，颇具创意且极富挑战的Boss战尤其令人印象深刻。每一个Boss的战斗方式都与玩家当前使用最为频繁的技能或最近习得的新技能密切相关，它们同时考验玩家的敏捷程度与战斗策略。Boss虽为数不多，但每一个均需要玩家用娴熟灵敏的操作技能才能击败。结合剧情，在Boss被击败后，玩家将掌握一种新的韵文，这将再次丰富游戏的玩法，增加游戏趣味性。

此外，主角奈亚可有多种形态的转变，例如能量形态——使其具备发射子弹攻击敌人的能力；太阳形态——在黑暗处发光；灵魂形态——使时间静止；鱼形态——转变为体型小巧且行动敏捷的鱼，等等。

《安琪拉之歌》的设计师Derek Yu和Alec Holowka曾表示，此游戏的特点为具有“孤独感”，这在游戏剧情展现中得以体现，设计者们使用旁白表达主角的内心感受。精炼又充满诗意的独白在配音演员的演绎下显得深沉而动人，独白结合音乐和画面，共同烘托出游戏唯美的意境。玩家将在略微忧郁、祥和、孤独且自由的基调下体验战斗的爽快与紧张，感受剧情中奈亚了解“安琪拉”世界、追寻记忆、收获真爱的过程。②

二、《蜉蝣昆虫世界》

《蜉蝣昆虫世界》（*Ephemerid: A Musical Adventure*），是由SuperChop Games设计并研发的一款音乐冒险类游戏，可在iOS平台运行。该游戏曾斩获2015年独立游戏节最佳声音艺术奖，在2013年Indie Cade、2014年Big Festival和2014年SXSW Gamer's Voice中均进入决赛。

《蜉蝣昆虫世界》是一款关于蜉蝣类昆虫的童话音乐冒险游戏，讲述了一段

---

① ALISTAIR WALLIS. Road to the IGF: Bit Blot's Aquaria[EB/OL].(2006-10-23)[2015-03-04]. http://www.gamasutra.com/php-bin/news_index. php? story=11362.

② ALISTAIR WALLIS. Road to the IGF: Bit Blot's Aquaria[EB/OL].(2006-10-23)[2015-03-04].http://www.gamasutra.com/php-bin/news_index. php? story=11362.

美妙而历经磨难的昆虫爱情故事。游戏共含十二个关卡，剧情简短但跌宕起伏、节奏紧凑，每一关的玩法与内容均不尽相同，核心操作主要为拖拽和点击。可玩性因素大多数和音乐的旋律或节奏相关，还包括解谜、动作等游戏元素。关卡场景十分丰富，玩家能够经历水下逃生、雨天飞行、花田飞舞、树林戏耍、翱翔天穹等众多情境。

游戏开篇就充满创意：它并未将完整标题一次呈现，而是让玩家拨开满屏的树叶，去一一寻找游戏名称包含的所有英文字母（如图2-3）。每个字母都是一个音符，被收集时奏响的音符暗示玩家一段音乐之旅即将开启，带着惊喜和猜测，玩家缓缓进入安宁而平静的游戏状态。

图2-3　《蜉蝣昆虫世界》游戏开篇

《蜉蝣昆虫世界》的游戏画面精致而美观，其剪纸和油画的风格使场景质感丰富，同时辅以精心的手绘，充满暖色调的画面配合具有荧光效果的粒子系统，烘托出温暖而唯美的氛围。当游戏中昆虫随着音乐节奏翩翩起舞时，它们身体划过的轨迹由发光的粒子予以显示，转化为有节奏的视觉体现（如图2-4）。和其他纯音乐节奏类游戏不同，《蜉蝣昆虫世界》十分重视流畅度，不会立刻对玩家的操作成绩进行反馈，即便玩家没有准确点击目标，或者没有把握好时机，也无须担心游戏就此结束，因为游戏的目的是让玩家一直沉浸在音乐当中，享受在美丽的蜉蝣昆虫世界里翱翔的过程。

图2-4 《蜉蝣昆虫世界》游戏界面

同样让玩家沉醉的是《蜉蝣昆虫世界》的音乐。电吉他演奏出的摇滚音乐节奏感强，随着剧情的发展，游戏音乐也呈现不同风格：或动感十足，或空灵悠远，或略带忧伤，或铿锵有力。在所有伴随节奏进行点击的关卡中，音乐均激烈明快，即使在蜉蝣受伤的情况下，通过音乐我们也可感受到动物们运动时的热情、力量和速度。

成虫蜉蝣的寿命十分短暂，仅有一天时间，犹如昙花一现，方才绽放，随即凋零。通过这款游戏，我们将体验一只蜉蝣的一生，在这仅有一天的生命里，它成长并收获爱情，经历被捕、蛛网逃亡、水下逃生等磨难，最后拖着残缺的翅膀将爱人救出，在天空画出一颗美丽的爱心后缓慢坠落。它的一生虽转瞬即逝，但过程却跌宕起伏，充满对生命和美好爱情的追求，略带遗憾，但终归是令人欣慰的一生。[①]

三、《植物精灵》

《植物精灵》（*Botanicula*）是一款由Amanita Design设计团队开发的解谜冒险游戏，2012年发行于Windows、macOS和Linux平台（如图2-5）。该游戏曾荣获第14届独立游戏节最佳音效奖；在同年IndieCade上被提名展示，并赢得剧情/世界设定

① 佚名.《蜉蝣》评测：蜉蝣一梦刹那芳华[EB/OL].（2014-07-03）[2015-04-28]. http://www.laohu.com/201407/103113.html.

奖；在同年欧洲游戏奖中，获得最佳冒险类游戏奖。

图2-5　《植物精灵》的标题界面

《植物精灵》展现了一个树林世界，五位呈现植物形态且风格各异的小精灵可以在树枝间跳跃、行走、逃跑和潜行，它们的使命是保护树林的生态环境，帮助在树上生活的动物们解决难题、度过危险，除掉给树林带来危害和种种悲剧的恐怖生物——蜘蛛。

《植物精灵》操作简便，玩家可通过鼠标点击控制小精灵们移动，与动植物进行交互，在谜题前选择合适的小精灵执行任务等。《植物精灵》的交互性较强，几乎画面中出现的所有对象均可对鼠标的触碰或点击作出反馈，例如鼠标移至一片树叶上使其摇摆，点击停靠在树干上的羽毛让其飘飞，点击树干上某个小枝丫使其快速生长，移至小鸟身上使其歌唱，当所有的小鸟同时歌唱时，将召唤出它们的妈妈一同歌唱。

《植物精灵》的美术风格十分精致细腻，树干和树叶中的每一条纹理都清晰可见，发光物体的光晕效果和后景事物的模糊化处理以及暖色调的渲染，使我们沉浸在柔和、唯美和宁静的气氛当中。游戏画面富有动态变化，例如永无止境地啄击树干的啄木鸟、四处飞行的蜜蜂、树干中间缓慢流动的运输着营养物质的液体、在树洞间来回跳跃的小虫、水下树林世界中畅游的鱼儿等。

此外，和画面同样出色，甚至更为玩家所欣赏的，应属游戏的音乐和音效。《植物精灵》的音效十分丰富，我们能听见鸟鸣声、动物进食的咀嚼声、昆虫飞行的嗡嗡声、鸟儿起飞的翅膀拍击声、小精灵们和其他动物在枝干上行走的脚步声、蜘蛛伤害蜗牛的声音，等等。当与玩家互动的动植物状态发生变化时，游戏亦配上独特的音效，例如蜗牛伸出脑袋时、小虫被植物的枝干弹飞时等。当玩家闭上双眼，聆听如此美妙动人的声音，就会感觉仿佛置身于一片祥和的森林当中。

《植物精灵》的场景较多，在不同的场景中，游戏会播放风格各异的背景音乐来渲染氛围，有的十分欢快,有的则略惊恐,还有的较为空灵。除此类背景音乐外，游戏中的动物们也时常“演奏”音乐，例如依次点击四只在枝干上休息的青蛙，它们将一同欢快地歌唱。

除枝干间的主要场景外，《植物精灵》还提供了很多小型空间供玩家游玩（如图2-6）。小精灵们可通过树洞、鸟儿的嘴巴等进入另一个微小世界，在其中或许与NPC（Non-Player Character，即非玩家控制角色）对话得知更多的剧情，或许与事物互动获取可用道具，或许进行一些小游戏。

现实生活中美好的大自然正在不断遭到破坏——珍稀物种的灭绝、绿化面积的缩小、森林大火的发生、极端天气的频繁出现，使得人类不得不投入更多精力发展环境保护事业，《植物精灵》正在帮助世界土地信托保护数百英亩的热带雨林，相信这款游戏将带来更多保护森林的“精灵”，为人人憧憬的更为和谐的大自然、更美丽的地球奉献自己的力量。

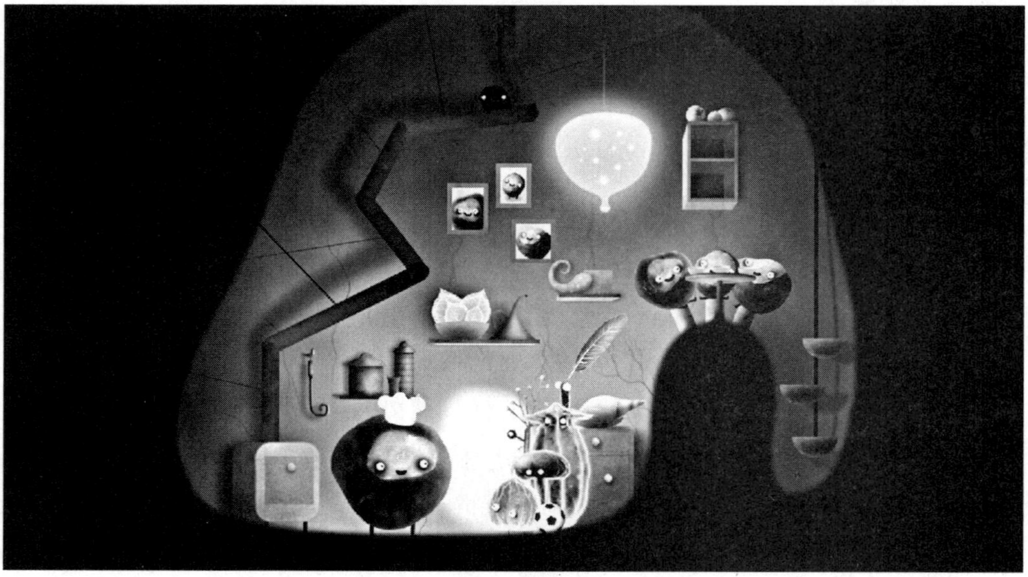

图2-6　《植物精灵》里的小型游戏空间

第二节　解谜类游戏

一、《机械迷城》

《机械迷城》(*Machinarium*)是一款由Amanita Design设计团队开发的点击式解谜冒险游戏，于2009年发布(图2-7)。该游戏曾荣获独立游戏节最佳视觉艺术奖，被提名为第13届年度互动成就奖，被Gamasutra评选为2009年最佳独立游戏，被VGChartz.com评选为2009年最佳独立游戏。

图2-7　《机械迷城》游戏界面

《机械迷城》展现了一个充满金属的机械世界，游戏主角是一个机器人，其机器女友被其他邪恶的机器人抓走，并且邪恶的机器人还试图用炸弹毁灭城市。主角为了解救女友、保护城市，必须解决一系列难题，玩家需要仔细思索解谜方案。

游戏使用第三人称视角，玩家的所有操作均为鼠标点击。主角机器人可以经过拉伸和收缩调整自己的身高和手臂长度，从而实现和高处物体交互、穿过窄小的下水道、触摸被柜子挡住的墙角的机关等。每个关卡中的重要场景都隐藏着游戏道具，它们和场景融为一体，玩家只有仔细观察，耐心探寻，才可能发现并收集它们。

同时，场景中有很多功能各异的机关，有的机关甚至包含几个不同的档位，玩家必须明确下一步的行动，了解各机关档位的功能，并按照一定顺序执行方可过关。

《机械迷城》的关卡复杂度和难度较高，不少谜题的解决还需完成五子棋、华容道等经典智力游戏。游戏共有30个场景供玩家探索，玩家在解谜时需要和多个场景中不同的NPC反复交互。

高难度解谜对游戏的提示系统提出了要求。该游戏的提示系统颇具创意，它提供一个微型游戏的入口，只要玩家顺利完成微型游戏，即可获得通过该关卡过程的分镜说明。不过，这些提示内容并非完全正确（例如机关的档位），玩家即使学习了过关步骤也需继续思考。游戏的全过程从未出现文字和语言提示，而是以图片气泡的形式显示主角的记忆或者解决谜题的对策（如图2-8），这一设计可以直观地提醒玩家对方是否是敌人，是否可使用某个NPC提供的道具来解决难题等。

图2-8 图片气泡

《机械迷城》展现出一种纯手绘式的、精致细腻的美术风格，虽然绝大多数物体为金属材质，但画面并不会给人冰冷刚硬的感觉，设计者通过使用暖色调、对背景做雾化和虚化处理、利用发光物的光晕效果等方式，渲染出温暖柔和且极富质感的游戏场景。

此外，游戏的动画效果十分丰富。主角机器人虽面无表情，但其情绪通过多样的动画被充分展现：当玩家将道具放在不相关的游戏对象上时，机器人将大幅摇头，并发出否定的音效；当协助演奏家NPC再次奏乐时，主角在一旁手舞足蹈，他内心的愉悦和骄傲全然流露；当通过望远镜观察到邪恶的机器人企图用炸弹毁灭整个城市时，主角机器人频繁跳跃并用力踩踏地面，表现其内心的紧张与愤恨。

较Amanita Design此前的作品，《机械迷城》更为宏大、精细，完整的故事线、充满挑战和创意的谜题、小游戏的结合、角色间的对话方式等均创意十足。同时，《机械迷城》的细节也值得一提：微妙滑稽的动画、不同场景音乐的柔和切换都非常巧妙，游戏里每一栋建筑物、每一个角色以及场景中的各个元素都极为精美，虽然这些元素并非游戏的核心，但却被设计者赋予了独特的意义。

或许《机械迷城》不仅是一款游戏，而是成为拥有独特文化的一个世界，值得玩家反复品味，体会其中独到的美。

二、《地狱边境》

《地狱边境》（*LIMBO*）是一款由丹麦游戏开发商Playdead设计的单人横版卷轴解谜游戏。该作品荣获了超过100个游戏奖项，包括2010年独立游戏节最佳视觉艺术奖和最佳技术奖、GameSpot最佳解谜游戏、X-Play最佳下载游戏、Imagine Games Network最佳恐怖游戏等。

在《地狱边境》中，玩家扮演一名男孩，在危机四伏的恐怖场景中跨越重重障碍，去寻找一个女孩（如图2-9）。游戏最令玩家印象深刻的是黑、白和不同程度的灰色的色彩搭配。这种看似枯燥的色调却充分表现出场景层次和光影关系：玩家可交互的前景对象通常使用纯黑色，背景则采用不同程度的灰色调，明亮的浅灰或白色渲染光线，营造出阳光穿过树林并发生散射的温暖效果。此外，背景的虚化使得远处的场景模糊不清、亦真亦幻，展现出游戏世界的神秘与开阔，激发玩家的探索欲望。

《地狱边境》的解谜机关数量众多且机制各异，几乎每个机关都能将玩家“置于死地”。玩家时刻心存恐惧，害怕触发机关而导致死亡；但他们无法预测机关被触发的时机和地点。同时，这些陷阱将在触发时以极快的速度运作，即便游戏采用黑白的色调，玩家依然能体验死亡时刻的血腥、残忍和恐怖。

图2-9 《地狱边境》游戏主角

图2-10 《地狱边境》游戏界面

游戏的物理效果也十分真实，例如主角奔跑时地面扬起的沙粒、绳索的摆荡效果、木块在水中漂移等。不少机关的解谜方式均需借助物理知识。真实的物理计算和精致的视觉效果大幅提升了游戏的真实感，使玩家沉浸其中。

优质的谜题、画面和物理系统奠定了游戏的基调，游戏音乐和音效则进一步强化了氛围，营造出一个唯美、辽远、神秘又恐怖的环境。《地狱边境》的音效设计师Andersen在观看预告片时被男孩的情感深深吸引，他说："《地狱边境》让我想起光与声的美学。你具备某个可被认识的、现实的东西，但它同时亦十分抽象。”

《地狱边境》未将完整的、具备一定旋律的背景音乐循环播放，而是使用模糊的、抽象的音效渲染气氛，每个玩家对此的理解和体验均有所不同，这正是Andersen的设计目标，他表示“越是特性鲜明的音效，我越扭曲它们，因而我不会引入能够强烈激发听众联想的音效。如果我们添加某些具备明确意义的音效，类似动物发出的声音，它们将打破游戏氛围。所以通过此种风格，《地狱边境》的声音和视觉气氛能够深入影响玩家心理，让他们体会害怕、焦虑、紧张等情绪。”

《地狱边境》的剧情虽简单却耐人寻味。在结尾处，一个女孩突然起身，游戏戛然而止。女孩是谁？是男孩的姐妹还是男孩的女友，抑或是其他人？不同的玩家有不同的猜测，这使不少玩家在通关后依然持续对此问题进行探讨，对《地狱边境》的世界保持着强烈的求知欲。此外，游戏全程未出现任何文字或动画等说明剧情发展，玩家最初进入游戏时并不知自己为何冒险，将去何方。没有高潮迭起、轰轰烈烈，简单的故事却带给我们些许温暖和感动，恐怖和温情的交织使游戏产生出一种独特的魅力。

三、《画中世界》

《画中世界》（*Gorogoa*）是独立游戏开发者Jason Roberts创作的一款单人益智解谜游戏（如图2-11）。该作品荣获2012年Indie Cade视觉设计奖、2013年Good Game Club特等奖、2014年独立游戏节最佳视觉艺术奖以及其他部分设计类和叙事类奖项提名。

图2-11　《画中世界》标题界面

《画中世界》的操控区域划分为四块，每个板块可放置一幅画（如图2-12），玩家可通过缩放一幅画，观察画面中近景、中景和远景事物；通过横向或纵向拼接不同的画面，将某一幅画的动态变化所造成的影响延伸至另一幅画，从而推动故事的发展；通过将两幅画面结合，使原本处于不同场合、毫无关联的事物转变为相互构成、相互影响的同一张画面内容；通过拖拽一幅画，将看似只有一个平面的图画拆分为两层，后层画面的新奇内容甚至可再次开启一个世界。

图2-12 《画中世界》游戏界面

《画中世界》颇具“画中画”的意味，每一个画面都拥有它们自己的故事，一幅画被放大后，玩家将发现原本画面中的部分内容成为另一幅拥有丰富内涵的画面，而这幅画也许依旧不是终点，玩家还可将其再次放大，不停地走进画面背后的世界。游戏中丰富的画面引导玩家不断开启并探索一个又一个全新的场景，帮助剧情中的男孩寻找宗教故事里的怪物的秘密。虽然每一个画面都有小游戏可供玩乐，但整体游戏进展从未仅发生在一幅画中，而是在相关画面衔接后才得以展现。

《画中世界》的游戏画面为精致的纯手绘风格，视觉层次感分明，图像并未展现较强的立体、连续效果，而是倾向于将多幅画面分别放置于不同的景深下，构成近景、中景和远景。

Gorogoa是设计师Jason Roberts在幼年时为一个自己想象中的生物起的名字，它不属于任何一种语言，但Jason Roberts决定将其作为这款游戏的名称，以期待《画中世界》能不借助语言的形式走进每一位玩家的内心。

游戏中，面对难解的谜题，我们不得不改变观察世界的方式，思索毫无关联的事物之间是否可以建立联系。当我们从虚拟世界中走出，再次回到现实生活，我们是否也将发现，真实的世界也是由一幅又一幅画面构成的，我们可以透过一扇又一扇窗户去探索；我们是否也将思考与想象身边事物在剥离、重组后，能够成为什么。每个人都具备创造一个全新世界的想象力，通过《画中世界》的激发，我们将发现看似平淡的生活里其实也蕴藏着很多有趣的故事。

四、《粘粘世界》

图2-13 《粘粘世界》标题界面

《粘粘世界》（*World of Goo*）是一款由2D Boy团队设计开发的、基于物理力学原理的解谜建造游戏（如图2-13）。该游戏斩获2008年独立游戏节中的创新设计奖和优秀技术奖，并获得最高奖项——塞尤玛斯·麦克纳利奖提名。此外，《粘粘世界》还获得了由IGN（Imagine Games Network）评选的2008年Wii平台最佳WiiWare游戏、最佳益智游戏、最佳创新设计、最佳新作、最佳美工设计和年度Wii游戏六个奖项。

《粘粘世界》展现了一个美丽的世界，在那儿生活着成千上万的黏性小球，它们需要互相黏合构筑一张网络，将它们从关卡的起始端导向终点的水管处，水管将吸引“自由”小球（如图2-14）。每个关卡均以收集一定数量的小球为基本目标，因此玩家需充分思考，突破层层阻挠，以最少的小球搭建框架，让更多的小球被水管吸引和收集。

图2-14　《粘粘世界》游戏界面

《粘粘世界》的操作十分简单，以电脑端为例，玩家只需通过鼠标点击拖拽活动的小球以和其他小球形成网络。该游戏的主要特色之一为关卡设计。《粘粘世界》一共包含5个章节，共47个关卡，在每个关卡玩家都将面临一个全新的挑战，游戏障碍物有尖刺、电锯、峭壁、裂口以及最“默默无闻”却始终影响着玩家行为的重力。玩家时而需要对重力和空气浮力进行纵向协调，时而需要无比谨慎地平衡小球各方向的黏性作用力，时而又需要在克服峭壁攀岩下滑的同时迅速将小球向上构筑，简单的玩法却能为玩家带来丰富多样的挑战。

2D Boy仅有的两名设计师说："在成品中，我们只接受了那些有足够过硬理由留下来的关卡。我们的总体原则是，如果某个关卡不会让玩家感到惊叹，就必须扔掉它。"最终，他们仅保留了不到三分之一的关卡设计稿。[①]也许正是设计师们对完美的追求，使游戏充满了创意。例如，当你发现自己拥有数量众多的黏性小球，且未发现任何实体障碍物时，你或许满怀欣喜，自信能够轻而易举地完成挑战。但随着游戏的推进，你将逐渐感到"愤恨"与"绝望"——不论你如何谨慎地呵护，黏性小球塔仍然不断失去平衡而倒塌，同时水管还在遥不可及的位置静静等待。

《粘粘世界》的关卡自由度颇高，玩家可尽情发挥想象力，不断尝试丰富多样的过关方式。在互联网上出现了难以计数的游戏攻略，这是玩家们智慧的结晶，他们不断切磋技艺，力争搭建出更高的黏性小球塔。

《粘粘世界》的程序运行十分流畅，物理系统的真实性与精确度可圈可点。同时游戏音乐音效丰富生动，与画面配合良好，充分展现了黏性小球们的可爱与淘气，例如在需要搭建高塔的关卡中，背景音乐的快节奏能带给玩家充足的动力，小球在每次成功地向高处构筑时，都会发出欣喜而兴奋的音效，让玩家体验到在虚拟世界中与小球们共同努力的喜悦。

五、《蜡笔物理学》

《蜡笔物理学》(*Crayon Physics Deluxe*)是一款2D解谜益智类游戏，获得2008年独立游戏节塞尤玛斯·麦克纳利年度大奖。在这款游戏中，玩家可以用蜡笔绘制出各种图形，而图形则会变成实际的物体。玩家的任务是用蜡笔绘制出所需的物体，利用重力、碰撞、杠杆等物理原理，将红色的小球移动到星星处。

《蜡笔物理学》的美术风格独具特色，其中绝大多数游戏元素的造型都采用蜡笔的质感绘制，可谓别具匠心。但游戏丝毫没有因为儿童画般的简单线条而让人觉得幼稚，强烈的蜡笔画风格反而给人可爱与清新之感。游戏关卡采用泛黄的纸张作为画布，其中污渍、折痕等细节使画面层次感更加丰富，仿佛要把玩家带到童年的蜡笔画中。

---

① 怀曼．神作之路——卓越游戏设计剖析［M］．李鑫，译．北京：人民邮电出版社，2013：139.

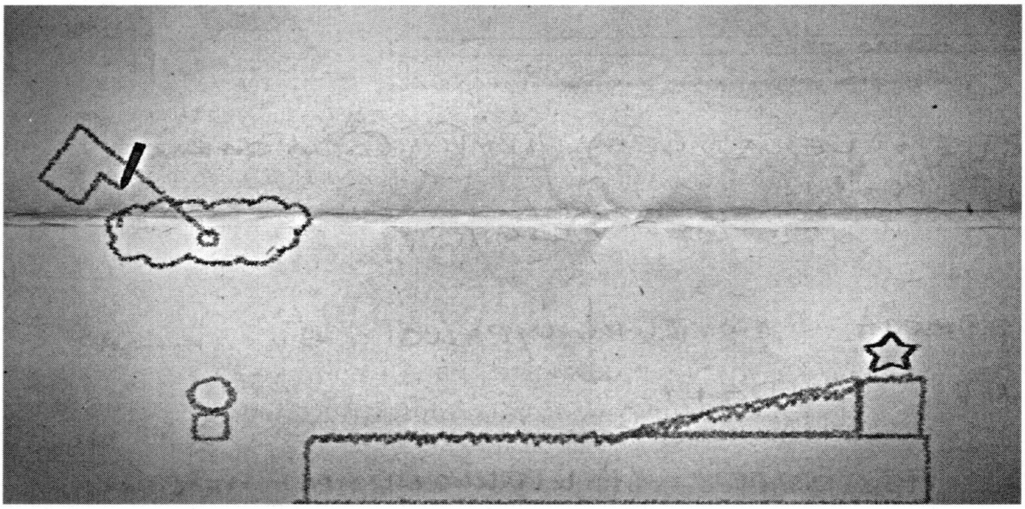

图2-15 《蜡笔物理学》游戏界面

游戏中，玩家可以用蜡笔天马行空地画出任何形状，而就在落笔的一刹那，形状会获得重量、弹性、硬度等物理属性。玩家赋予蜡笔下的物体生命力，并使其深度参与到游戏世界的创建与改造中。游戏使玩家的创造力与想象力得以充分发挥，具有极高的益智性与耐玩性。

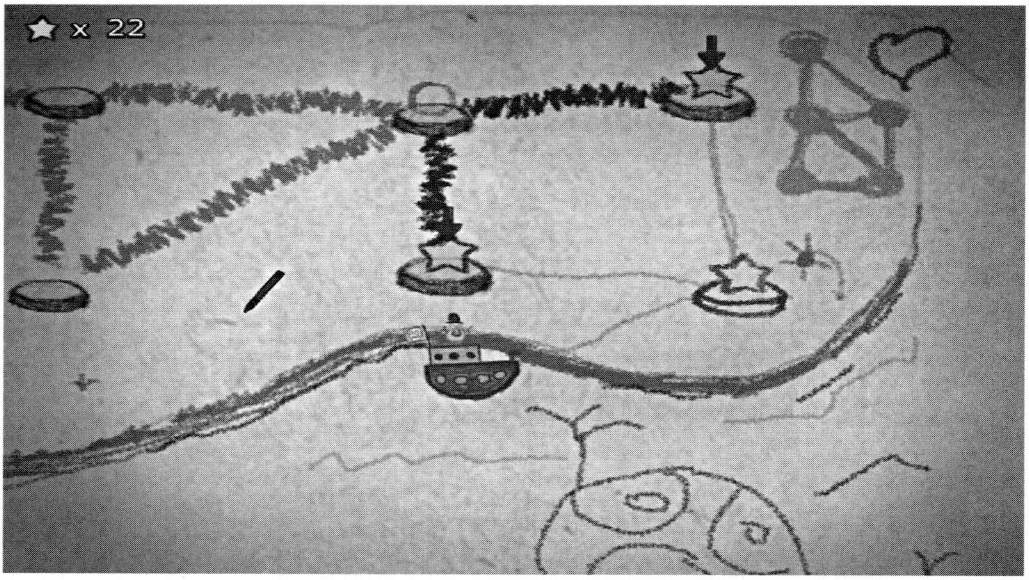

图2-16 《蜡笔物理学》游戏界面

《蜡笔物理学》甚至支持玩家自建关卡，这样的设计在当时较为罕见。玩家可以利用游戏提供的工具，创造出属于自己的独特关卡，这进一步调动了玩家的积极性和创造性。与设计师预制的关卡相比，玩家集思广益所设计出的关卡更加有趣，也更加别具一格。这一特色让玩家间的交流更为活跃，同时也给游戏注入了鲜活的生命力。

这款游戏最初是作为课堂教学工具开发的。芬兰游戏设计师Petri Purho采用2D物理引擎打造了这款游戏的原型[①]。作品将物理知识融入互动之中，鼓励学生动手实验，创造自己独特的物理系统，寓教于乐，达到传授物理知识的目的。反观当前的大部分教育游戏，在游戏性和教育性之间顾此失彼，要么千篇一律，要么了然无趣。《蜡笔物理学》的开放式教学法为教育游戏提供了绝佳的范例。

第三节　策略类游戏

一、《超越光速》

《超越光速》（*FTL:Faster Than Light*）是一款探险类游戏，获得2013年独立游戏节最佳设计奖和最受观众欢迎奖。在游戏中玩家扮演一位联邦舰队的舰长，控制着自己的星舰通过一次又一次的超光速跃迁穿越7个星区（Sector），抵达联邦舰队的最终据点与叛军旗舰（Rebel Flagship）决一死战。

玩家需要在星区中不停跃迁以逃避追兵并增强自身实力，需要在探险中对随机事件作出决策，打造自己的星舰及指挥完成遭遇战。

在战斗中，敌我双方的情况分别显示在画面的左右两侧。作为舰长的玩家需要进行各种操作：分配各个模块的能量供应，控制武器的发射时机和落点，指挥船员去维修被破坏的舰体模块，指挥船员进行登舰或反登舰作战。至于闪避则完全交给了引擎模块与驾驶模块，玩家要做的仅仅是在非战斗时期升级模块或提高相应模块舰员的能力。

《超越光速》的武器系统富有特色，包括舰炮、无人机、舰员等，不同武器特点各异。多样的武器给玩家提供了更多的进攻选择。不过，后期敌人的进攻往往是多维度的，带来的挑战难度会越来越大。因此，玩家必须成为一个多面手，熟练应对敌人不同种类的进攻。

---

① 杨菲．游戏化教学在职业教育中的应用［J］．城市建设理论研究（电子版），2012（35）：35-38.

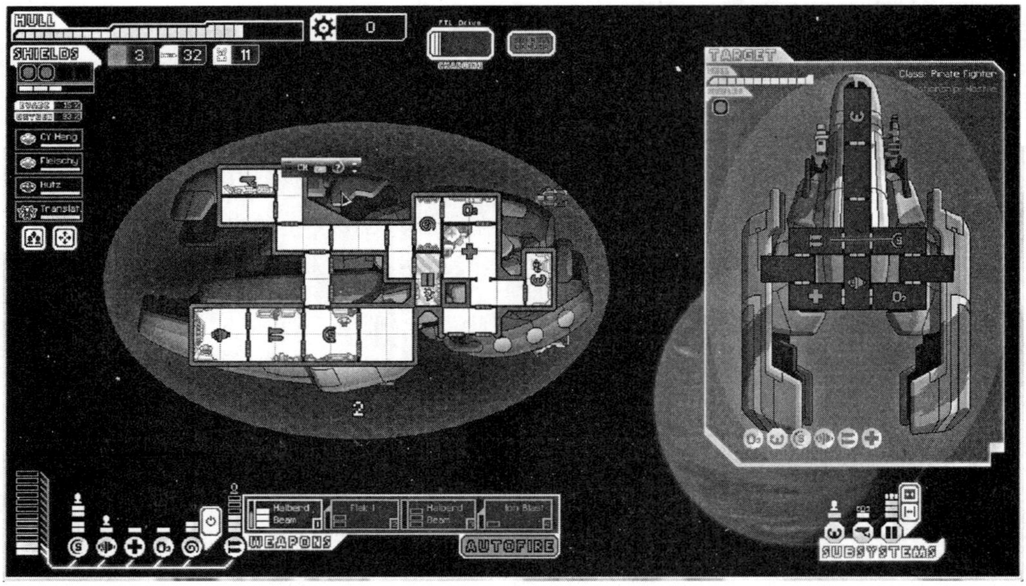

图2-17 《超越光速》游戏界面

游戏提供了多种星舰（如图2-18），除玩家初始的“红隼号”之外，另有7大星舰等待玩家去解锁。每种星舰还具有A、B、C三种型号，玩家想要获得B型或C型还要耗费一番功夫。

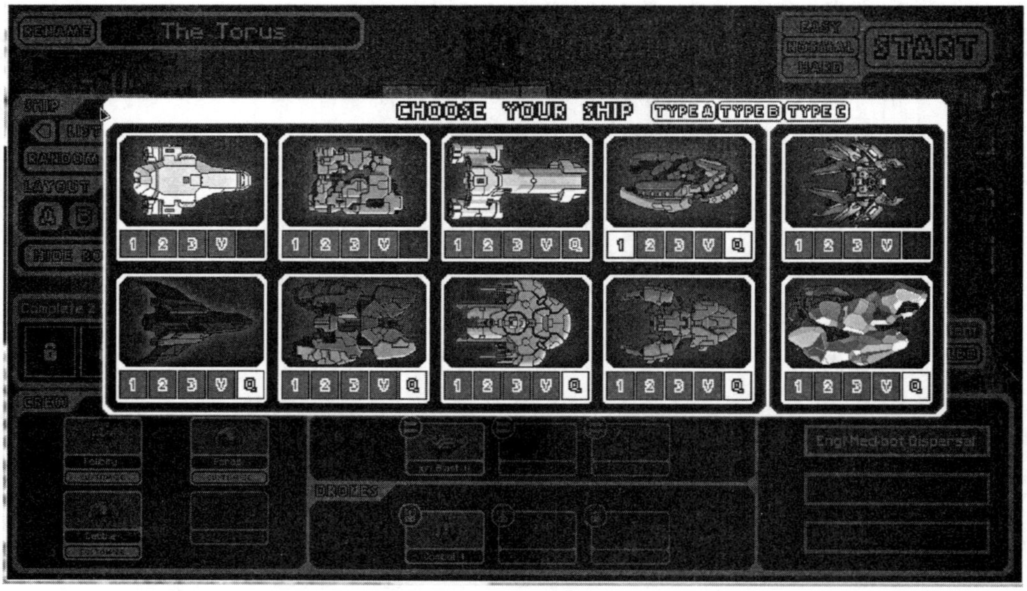

图2-18 多种星舰

《超越光速》最大的特点是它的战斗方式。游戏在完全“知己知彼”的情况下考验玩家的战斗策略，将重心放在了舰员的培养及资源的调配使用上。玩家需要关心的是策略层面——如何使用有限的资源获得最强的战斗力及续航能力，而不是腾挪躲闪等动作层面。这一特征将该作和市面上屡见不鲜的星际射击类游戏相区分，其带有模拟与经营性质的独特探险类玩法，成功地吸引了一批爱好星际题材与策略玩法的用户。

《超越光速》中的随机因素很多，这是吸引玩家不断重玩游戏的精髓所在。商店售卖的物品是随机的，每次开启新游戏时地图是全新的，玩家所遭遇的事件和敌人也是随机的。这一切促使玩家一直以冒险的心态玩游戏，每局游戏的战斗策略将根据商店物品和地图事件的不同进行调整。玩家可以在一局局的游戏中变得越来越有经验，同时又不会像很多渐进机制的游戏那样，在第二次玩的时候就能完全掌控游戏。游戏中获得的经验只会让玩家在处理突发事件时更得心应手，或者在面临一些选择时更加从容不迫。

《超越光速》以难度著称，玩家必须谨慎对待每一次挑战。游戏分为简单、普通、困难三个难度，即使在普通难度下，积累了丰富经验的玩家也不能保证一定通关。这解释了为何玩家视频直播普通难度下连续通关三次时，连开发者都觉得惊讶。①

二、《这是我的战争》

《这是我的战争》(*This War of Mine*)是一款横版生存策略类游戏，获得2015年独立游戏节最受观众欢迎奖并获得了2014年度GDC最佳剧情奖、最佳创意奖两项提名。

在游戏中玩家扮演平民，要在动荡不安的城市中生存下来。由于城市中狙击手的存在，白天玩家只能躲在自己的屋子里照料避难者、进行设施建设和产品加工。到了晚上，玩家可以在城市中各个可探索的地点寻找食物、材料、武器和药物等物资来维持生存，也可以与其他的幸存者进行交易、偷窃或抢劫。②

---

① 触乐网 . 超越光速的航程——FTL 的宇宙诞生记（下）[EB/OL].（2014-04-07）[2015-05-08].http://www.chuapp.com/app/?p=1263.

② SUNLY. 这是我的战争 [EB/OL].（2014-11-18）[2015-10-21].http://pc.tgbus.com/dongzuo_101/38224/.

图2-19 《这是我的战争》游戏界面

玩家在白天有时会遭遇一些事件，比如商人上门推销、孩子或邻居寻求帮助等。玩家可以付出一定代价或冒着风险来帮助别人，对类似事件的处理会影响角色的心情及游戏的结局。

游戏有多个开局可供玩家选择（如图2-20），但玩家在第一次开局时只能使用默认的卡地亚、布鲁诺、帕维三个角色。在游戏进行到一定程度的时候，还会有人申请入住玩家的房屋。不同的人物有不同的专长和特点，游戏中玩家需要灵活运用每个人的优势才能顺利通关。该游戏不能选择难度，但不同的开局实际上决定了游戏的难度。

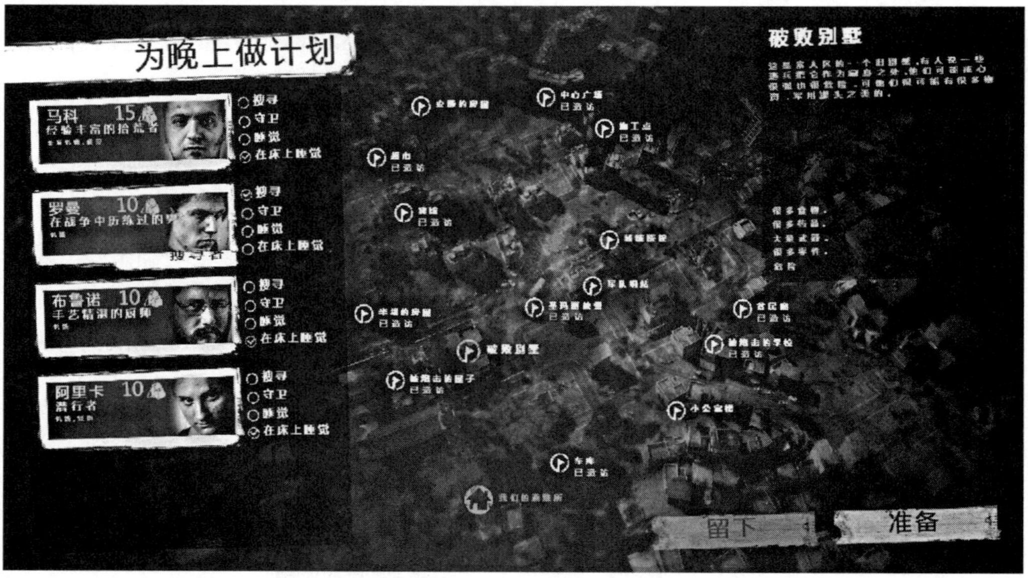

图2-20 《这是我的战争》游戏开局

《这是我的战争》有许多细节上的创新，例如游戏中的收音机道具。玩家制作好收音机后就可以转动它的旋钮，收听四个频道，颇有一些复古感。其中第四个频道可以播放音乐，当玩家切到了该频道，即便关闭了收音机界面，音乐也会一直循环播放。这一设计巧妙地将更换背景音乐的功能结合到了道具里。

游戏中的另一亮点是人物名片里的“小传”（Bio）功能。每当游戏中发生了诸如做好事、生病挨饿等事件的时候，人物小传中就可能增加一条表达该人物内心活动的记录，例如，在杀害无辜的平民后，所有人的良心都会受到谴责，特别是多愁善感的卡地亚；而在帮助了邻居或者杀死了万恶的狙击手时，所有人都会感到满足。游戏的创作理念通过传记充分展现：批判万恶的战争，赞扬人性中的善，但又不回避人性中的恶。

另外值得称赞的是游戏中的照片设计。游戏结局会滚动展示一幅幅照片，每张照片都代表玩家经历的一个事件，包括对其他人的帮助、对陌生人的杀戮以及伙伴的死亡等，这和电影片尾的花絮有异曲同工之妙，但它带给玩家更多的思考与心灵震撼。玩家成为游戏内容的创作者，一切都由玩家去选择、去体会。这体现出了游戏作为交互艺术的真正魅力。

第四节　休闲类游戏

一、《色欲和傲慢》

《色欲和傲慢》（*Luxuria Superbia*）是一款由比利时设计团队Tale of Tales开发的休闲类游戏（如图2-21）。该作品荣获2014年独立游戏节的最佳创意奖、International Mobile Gaming Awards的评委会荣誉奖，并且在2013年的IndieCade上被提名展示。

《色欲和傲慢》的游戏名源自中世纪“七宗罪”的概念，“Luxuria”对应Lust（色欲）之罪，而“Superbia”对应Pride（傲慢）之罪。

游戏场景是一个花瓣隧道。初始时，花瓣呈现某一单调的颜色（例如纯白色），一旦玩家点击（电脑平台）或触碰（移动平台）花瓣上的细小叶片，花瓣将瞬间变成彩色，为玩家带来强烈的愉悦感和难忘的视觉享受。虽然花瓣被触摸时能够呈现艳丽的色彩，但这些色彩将在玩家停止触摸后逐渐退去。

图2-21 《色欲和傲慢》标题界面

当所有的花瓣变成彩色并维持小段时间后，花瓣隧道开始小幅震动，画面向前推进的速度加快，画面中会呈现更多绽放耀眼光芒的视觉元素，将场景渲染得五彩缤纷，伴随一个短暂的白场过渡，此关卡完成。

游戏共十二个关卡，它们风格迥异，各具特色，难度不同。当所有的花瓣都被染上色彩时游戏开始计分，在任一花瓣的颜色褪去时停止计分。所有的关卡中，玩家都需达到一定分数才可过关，在简易关卡中，玩家可以放慢节奏；而高难度关卡中极快的前进速度使得玩家必须保持注意力高度集中，遵循细小叶片的出现规律才可过关。

《色欲和傲慢》的音乐轻柔流畅，配合艳丽的画面色彩再次提升了玩家体验——游戏多用女声，混合钢琴声、鼓点以及合成声等，营造出一个空灵、模糊、梦幻的意境，使玩家深深地沉浸于游戏当中。开发者Tale of Tales称该游戏是“一次从感官到精神的音乐之旅”。

图2-22 《色欲和傲慢》游戏界面

除音乐外，游戏的文字提示同样别具特色。它们简短、富有诗意且情感饱满，它们不断暗示玩家，同玩家交流，传达出花瓣们的感受。当关卡进入高潮，随着玩家的不断“触摸”，花瓣颤抖、绽放，频繁地显示出无比享受但渴望更多愉悦感的心情。在完成关卡后，屏幕上会显示出花瓣的体验和对玩家的感谢，游戏对象俨然成为另一个“人”，她需要玩家细致入微的照顾，并通过美妙的音乐和色彩来回馈玩家。

设计师们在创作过程中一直思考着“感官上的愉悦”和“精神上的享受”两者之间的联系，对此问题的研究是一个漫长的过程，而《色欲和傲慢》只是该研究过程中最初的一步。Tale of Tales的设计师在接受采访时曾表示，愉悦感是电子游戏中最重要的一部分，因而如何让玩家体会这种感觉是我们设计游戏的出发点。《色欲和傲慢》很好地秉承了Tale of Tales团队长期以来“非游戏的游戏”的设计理念——游戏无角色、剧情，亦无明确的任务，仅靠文字的暗示、抽象的音乐和画面使玩家浮想联翩。让每一个玩家都能够获得独一无二的游戏体验。①

① CHRISTIAN NUTT.Road to the IGF: Tale of Tales' Luxuria Superbia[EB/OL].(2014-03-14)[2015-02-05]. http://www.gamasutra.com/view/news/212986/Road_to_the_IGF_Tale_of_Tales_Luxuria_Superbia.php.

二、《小小炼狱火》

《小小炼狱火》(*Little Inferno*)是一款休闲益智类游戏，曾获得2013年独立游戏节最佳技术奖。

在《小小炼狱火》游戏里，玩家大部分时间只是面对着一个壁炉(如图2-23)。玩家能做的只有焚烧：烧掉从壁炉上边爬下来的蜘蛛，烧掉从商店里买来的各种物件，烧掉NPC寄来的信和礼物。玩家可以烧掉新解锁的物品，也可以将特定的物品组合燃烧，然后解锁更新的物品或物品目录，并由此推动剧情的发展。

图2-23 《小小炼狱火》游戏里的壁炉

物品焚烧是《小小炼狱火》的重头戏。游戏中的焚烧不像现实生活中往火炉里加柴那样一成不变，很多物品都有独特的燃烧效果。例如有能改变火焰颜色的蛋、溅射出数张玩具钞票的信用卡、发射出面包片的面包机等。因为有这些焚烧特效的存在，玩家往往会倾向于点燃以前没有烧过的东西，并在火堆旁等待新颖的焚烧特效。购买目录中的最新物品，会解锁该目录中的下一个物品，于是玩家就会兴致勃勃地陷入"购买→焚烧→购买→焚烧"的循环之中。

当然，焚烧也需要考验智力。游戏成功将解谜因素融合到核心玩法中。两种或两种以上物品同时焚烧有可能会获得Combo，Combo则能解锁新的物品目录，获取减少等待的邮票。游戏的益智之处在于玩家需要根据Combo名称的暗喻来猜测需要燃烧的物品。例如，"Springtime Combo"就需要玩家将速效种子包(Instant

Seed Packet）与闹钟（Alarm Clock）同时焚烧才能解锁。[①]

另外值得称道的是游戏在细节上的创意。首先，某些放置在壁炉中的物品会有动态表现。例如照相机的镜头是一个大眼睛，会随着玩家鼠标指针的移动转动眼球；电视机会直播玩家壁炉焚烧的实况；迷你行星模型带有重力场，能够吸引周围物体……其次，在购买物品界面的说明栏里，图片中的物品有一些活灵活现的动作将物品的性格、特点、脾气都展示出来。这些细节为重复的焚烧行为增添了活力，为玩家带来了更好的游戏体验。在同质化严重的众多游戏中，多一个让玩家会心一笑的细节，游戏就会多一点人气。

《小小炼狱火》还有一个其他游戏很少采用的设计：玩家永远不会失败，焚烧物品带来的金币总是多于该物品的成本。此外，还可以烧掉不时从壁炉上端爬下来的蜘蛛来补充金币。该游戏总会或急或缓地向前推进，直到玩家逃出这个带有方形壁炉的屋子，奔向最后的大结局。这样的设计给玩家提供了一个有既定终点的单向旅程，对于互动故事类、模拟经营类及养成类等强调故事性的游戏有一定借鉴意义。

图2-24 《小小炼狱火》游戏界面

① MIYU：《小小炼狱火》全 Combo 图鉴攻略［EB/OL］.（2013-02-19）［2015-03-24］.http://www.appgame.com/archives/144282.html.

三、《即插即用》

《即插即用》（*Plug & Play*）是一款上架于Steam的小游戏，后来又移植到了iOS和Android平台。这个游戏由两个德国设计师开发，充满了幽默与揶揄，一改人们脑海里传统德国人的严谨形象。

该游戏主题比较集中，就是在“玩弄”插座。游戏流程很短，大约只有10到15分钟。游戏故事和画面风格诡异，甚至有点让人难以理解。一般而言，插座只是很普通的物品，很少有人会拿它来大做文章。然而这个游戏却用插座当主角，将插座“拟人化”，出演了一幕幕“脑洞大开”的哑剧，令人在娱乐之余又若有所思。

游戏的开始画面是一个插座和一个插头（如图2-25），没有任何提示和教学。所以玩家一开始就必须自主探索。不久，玩家会发现插头可以随意移动，于是大多数人会忍不住把插头连接在插座上。

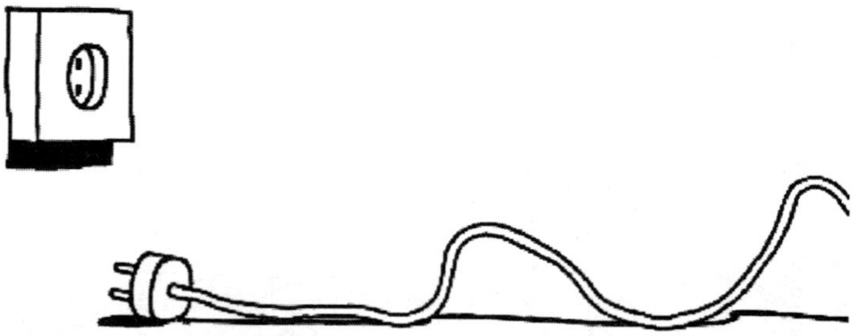

图2-25 《即插即用》游戏开始画面

插上插头之后，画中会出现两根奇长的手指，当两个手指碰到一起时，画面一转，出乎意料地引出下一个场景。游戏就这样在各种匪夷所思的场景切换中一幕幕地展开。

这些游戏画面大都源于生活，通过简单的改动达到拟人化的效果。玩家乍看觉得无法理解，细细一想又觉得似有所指。游戏中有一种奇特的“插头人”（如图2-26），可以像插头和插座一样连起来，有时候就会出现让人捧腹的景象。

图2-26 《即插即用》游戏里的插头人

“即插即用”原本是一种计算机术语，指“使计算机在极少或没有用户输入的情况下能识别并适应硬件的更改”。以此作为游戏名称可谓一语双关，既强调了游戏的短小简单，又暗合游戏的玩法内容。而且，诸如此类的隐喻在游戏中随处可见。比如，游戏开始时的手指仿佛源自米开朗琪罗的《创造亚当》中上帝与亚当伸手相对的情景；游戏中的“插座人”由“插头人”变化而来，又不禁让人联想到圣经中的元素——女人、男人以及男人的肋骨……乍看起来，该游戏几乎没有什么游戏性，但是在轻松愉快的表象后我们却发现，作者似乎隐藏着某种严肃的艺术意图和现实隐喻。

第五节　角色扮演类游戏

一、《城堡破坏者》

《城堡破坏者》（*Castle Crashers*）是一款角色扮演类游戏，获得2007年独立游戏节最佳人气奖。游戏最多支持4人联机，有多达30种角色可以选择，以及一个额外的“疯狂难度”供玩家选择。

图2-27　《城堡破坏者》游戏界面

《城堡破坏者》的故事采用的是骑士解救公主的老套路。游戏中的英雄跋山涉水，夺回被夜之男巫抢走的王国宝石，最后拯救公主。游戏的玩法看似并无特色，无非是其他游戏玩法的复制：重复机械式的打怪、打球、战斗、跑酷……然而，这款游戏却在关卡的细节中充满了创意，使玩家在进程中能一直兴致勃勃。

首先，作者在剧情上倾注了较多创意，通过悬念和铺垫激发玩家持续游戏的欲望。例如，在小偷森林关卡中，玩家刚进入关卡会消灭一个拿草丛做掩护的小偷。接着，远处传来巨大的脚步声，树上一只猫头鹰开始惊恐万分。随着脚步声不断逼近，画面有节奏地剧烈晃动，直到最后猫头鹰被惊吓至一头栽倒在草丛里。随后，玩家会发现树丛里颤抖的棕熊和逃跑的小鹿。这种令人忍俊不禁的画面悬念十足，玩家会不由地发问：它们究竟在害怕什么？难道是最终关底所要面对的Boss吗？当玩家战胜了关底的食人族Boss，以为情节可以收场时，巨大的脚步声却再次响起，一个食人族巨兽从玩家的后方追了上来，此时脚步声的真相才浮出水面。由于巨兽过于强大，主角不得不加入动物们的逃跑队伍，进入以跑酷为核心机制的下一关。

除打怪和跑酷外，游戏中还有其他饶有趣味的关卡。例如，在游行马车关卡中，玩家在狭小的车顶与吊着绳索跳跃的敌人进行战斗，还要伺机攻击后方发射光柱的Boss；在海上轮船关卡中，玩家在倾斜的船面上与忍者进行战斗，还要时刻注意船体倾斜角度的改变；在沙漠关卡里，玩家需要与沙漠游民打排球（如图2-28）……可以说，每个关卡都独具特色，每个Boss都身怀绝技。更难能可贵的是，数量庞大的关卡从不重复，连续而新鲜的玩法，使玩家不断地期待着新的冒险。

图2-28 《城堡破坏者》里的沙漠关卡

通关《城堡破坏者》的普通难度仅需6至8小时，但游戏的耐玩性却令人称奇，有些玩家通关若干次仍不罢手的原因在于，游戏大量使用收集、解锁、升级等经典技巧，通过不同的宠物、武器和角色吸引玩家重复游戏。有多达26种不同特点的宠物以及50种外形各异的武器等待玩家体验①。每种宠物功能都不尽相同：有的能帮助玩家发现地图上的宝物，有的能帮助玩家进行攻击，有的能给玩家增加属性……这些宠物的获取方式也各不相同，有的可以在野外收集，有的需要购买，还有的需要挖掘……此外，通过完成一定条件，玩家还可解锁游戏中的角色，每个角色的连招与技能均各有千秋。而且，仅通过一次关卡的经验不足以让角色技能升至满级，于是玩家将在感兴趣的角色上投入更多时间。

二、《桌面地下城》

《桌面地下城》（*Desktop Dungeons*）是一款角色扮演类游戏，曾获得2011年独立游戏节最佳设计奖。

游戏讲述了一个冒险故事：一个商队被怪物袭击被迫逃进迷宫似的洞穴，建立定居点，不断冒险，维持生活并发展壮大。

图2-29　《桌面地下城》游戏界面

---

① 佚名：城堡破坏者全宠物全武器获得方法[EB/OL].（2013-02-05）[2015-02-05].http://www.paopaoche.net/gonglue/20678.html.

游戏的主要玩法是挑战随机地下城。在每个地下城里，玩家都需要从1级重新开始，通过打败敌人、收集宝藏、转化物品来提高属性，最终战胜10级的Boss。胜利后玩家会获得金币和徽章奖励。金币可以用来建设领地，进而探索下一个更高难度的地下城。

除挑战随机地下城外，玩家还可以通过职业挑战及谜题破解来获得额外的金币。职业挑战可分为铜、银、金三档，完成后会解锁相关的职业道具。职业挑战的地下城将根据职业特点而被精心设计，玩家如果不能很好地利用职业优势，将难以过关。谜题则是一系列独立的小型关卡，需要玩家根据提示进行多次解谜。

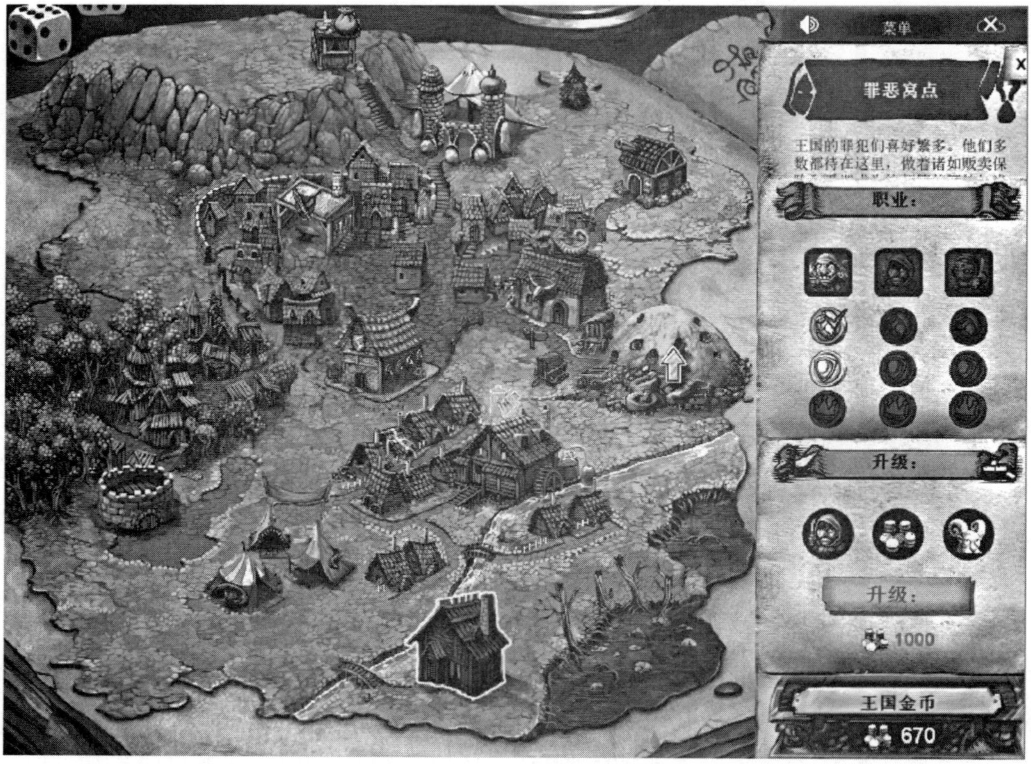

图2-30 《桌面地下城》游戏界面

游戏中的未探索区域被刻意设计成一种资源——新地块能够恢复玩家的生命值和法力值。[①]这种设计削弱了先把地图探索完毕再进行决策的策略优势，使得玩家需要综合自己的职业特点、已探索区域、生命值和法力值等众多因素进行统筹决策，加强了冒险的成分，使其有别于纯粹的解谜游戏。

① 佚名：《桌面地下城》评测：快节奏复古地牢 RPG［EB/OL］.（2015-06-03）［2015-08-18］.http://sy.pcgames.com.cn/519/5196003.html.

祭坛是游戏中颇具特色的一个细节。随机地下城按一定概率出现一个或数个祭坛。祭坛可以产生具有特殊功效的神恩，但会消耗一定的虔诚值。虔诚值可以通过做出神祇喜爱的行为来增加，也会因为做出神祇所厌恶的行为而减少。而且，同一神恩对某种职业来说是优势，但对另外的某个职业而言则可能是劣势，玩家需要通过决策来进行判断。祭坛使得游戏策略更加复杂：通关方法不再局限于某种固定的职业套路，而是更为灵活多变。

三、《史丹利的寓言》

《史丹利的寓言》(*The Stanley Parable*)是一个“旁白主导”的第一人称角色扮演游戏。自2011年发售以来，该作获得了设计界、游戏界和艺术界的广泛好评，曾获得2014年独立游戏节观众奖。游戏的玩法十分简单，就是在旁白的指挥下进行漫游。但是评论者认为，这一游戏透过“游戏的意义”，对选择、自由、故事叙述以及现实进行了探索。

游戏的情节如下：一位名为史丹利的员工，每月工作是坐在办公室并根据上司的指示按下电脑的某个按钮(如图2-31)。一天，突然没人再对他发出指示。于是，疑惑的史丹利决定走出办公室一探究竟，结果却发现公司里空空如也。游戏由此展开，旁白像指挥官一样叙述着史丹利下一步的活动，但具体的实施仍然由玩家操作，玩家可以听从引导，也可以不遵从指挥。旁白则会根据玩家是否遵从指令而不断调整，引导玩家到达最后的结局。

一般而言，如果玩家遵从指示，逐步前进，就会发现游戏的真相：公司的老板一直在通过一套机器控制着所有员工的思想，操纵他们的行为。于是史丹利关掉了机器，逃离了公司。这个冥冥之中控制员工思想的旁白，却引导着史丹利获得最终的解脱。通过服从而获得自由，似乎是某种辛辣的讽刺。

然而，玩家也可以选择不接受指示。

在游戏开始时就有这样的选择，旁白说：“这时候史丹利走进了左边的门。”其实玩家可以选择右边。而一旦玩家选择了右边的门，游戏就会出现诡异的变化，旁白会试图引导玩家重新回到正轨上来。但玩家可以继续选择拒绝，或者也可以按他说的做，游戏因此将出现非常多个不同的结局，每个结局都在试图展现一种“违反游戏常态”后的错误结果。

图2-31　《史丹利的寓言》游戏主角

比如，如果玩家选择了右侧的门，他们可能将被引导至一个长达五次的循环。在这个循环中，游戏的风格会越发诡异，越发超现实，旁白会因为忘记台词而一次次重启游戏，直到最后卡住。另一个结局则是旁白猛然意识到，史丹利并不是史丹利，而是一个真正的人。而最终变为玩家在观看史丹利进行着游戏……

所有的情节里，作为引导者的旁白不断在强调一个主题："这是我的故事，不是你的！"这个引导者似乎是上帝，他是讲故事的人，可以随心所欲操纵周围的环境，然后以此来嘲笑玩家。而玩家则一次次试图改变这个"叙事者"框定的故事，企图对抗他，却又一次次被捉弄，被丢入深渊，或从头再来。

在游戏中，有一个需要耗费四个小时来拯救婴儿的场景（如图2-32）。有的玩家会真的按四个小时的按钮，忍受重复的画面和重复的哭声来达成某个结局。游戏的乐趣在这个过程中早就丧失殆尽，辛辣的讽刺再次呈现：单纯为了通关的目的，游戏是否还有意义？

《史丹利的寓言》将游戏过程、玩家和设计者之间的关系，用一种明了又幽默的方式展现了出来。玩家在游戏中需要不断反思，不断挑战旁白，就像不断挑战设计者本人，做出游戏目的以外的举动，从而达到意想不到的结局。这一过程不是"遵从规则达成成就"，而是"反规则"。玩家从中经历了扮演角色、听从指挥、怀疑规则、挑战系统并最终跳出角色这一系列的心理过程，最终将设计者置

图2-32 拯救婴儿

于挑战和质疑之境，而正是这一逆转使得一切变得有趣，与其他游戏截然不同的“有趣”。

可见，《史丹利的寓言》是在用一种反叙事的手法对现有的游戏模式进行颠覆和嘲讽。它宣告游戏已经不再是解构主义的天堂。游戏设计师与玩家不可能同时都是构造世界的人。艺术家与观众的对立，造物主与巴别塔的对立并没有消失，就像游戏中旁白与玩家的对立一样——旁白努力在让玩家跟着他的路线走，而玩家却无时无刻不想要挑战这种权威。玩家的逆反其实是游戏设计者有意引导的结果，游戏的真实目的是颠覆叙事结构，“反规则”才是这个游戏真正的规则。

四、《旅程》

《旅程》(*Passage*)是由设计师Jason Rohrer于2007年开发的一款实验性游戏。该作以交互式的媒介表达艺术和对人生的思考，引发了西方艺术界首次较大规模的对游戏的争论：游戏是否是一种艺术形式？抑或只是一种艺术的萌芽？

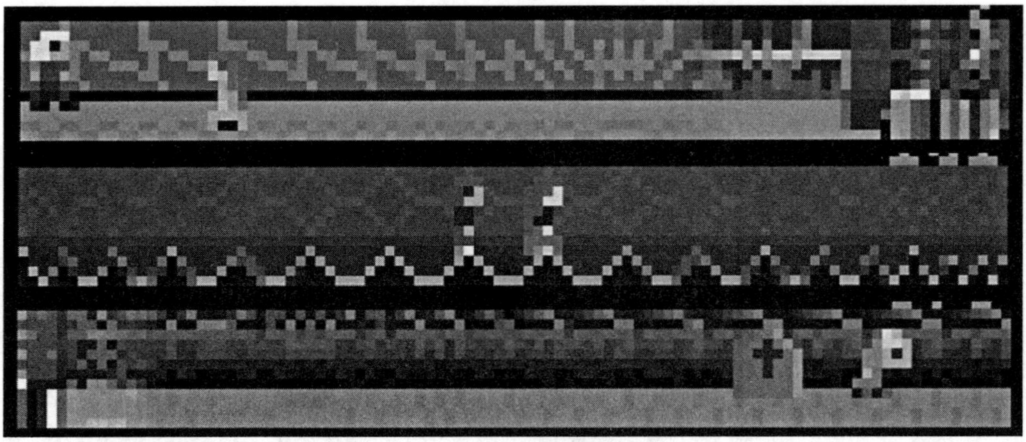

图2-33 《旅程》游戏界面

从类型上看,《旅程》是一款关于时间消逝的角色扮演类游戏。玩家在16比特的像素风格场景中,从西向东前进,大约在5分钟之内完成整个游戏。

游戏伊始,角色很年轻,可以向右移动或者向下探索迷宫。然后,他会遇到女人,陷入爱河并和她一起探险,一起变老。迷宫的柱子和墙壁由程序随机生成,玩家可以在其中寻找代表金钱或者成功的宝箱,也可以由西向东试着行进。随着距离的增加,墙出现的频率变高;而且,如果选择与女人在一起,探索范围会进一步受到限制——这正是游戏的绝妙之处——你会选择有人相伴,还是选择更远的旅程?

由于玩家只能看到单个的场景,不由得会产生一种探索人生的错觉。像素的堆积效果使得这种感觉更加强烈。开始时,玩家可以看到远处多列重叠的像素;随着游戏的进行,像素逐层延长,变成当下的场景;当角色人过中年后,玩家则会发现,大多数像素都堆积在身后,角色也越发靠近屏幕的边缘。无论玩家是想要探索更多还是想过上无聊平庸、稳定而重复的生活,他都会不可避免地衰老,他的妻子最终也会去世。

游戏将整个人生浓缩在短短的5分钟里。狭长的画面代表了人生,站在起点,一生都在眼前,一切都是未来;逐渐前行,未来不断缩短,记忆不断累积;过了中点,生命的终点越来越近;最后,角色经历了爱情、死亡与永恒的失去后,片头再次飘过,主角化为尘埃而死去。回忆起这5分钟的感情投资,玩家体会到一种深沉的、真实的失落感。

在《旅程》里,生命只有一次,死亡亦只有一次。最终,玩家会发现自己对人生没有控制权,无力挽回失去的一切。在这个100×16的像素空间内,在这个凝练的游戏规则中,《旅程》以一种富有诗意的隐喻提醒玩家,人生终有尽头。①

2012年,纽约MOMA现代艺术博物馆将《旅程》列为永久收录的14件馆藏游戏之一。其他收录作品包括《吃豆人》(*Pac-Man*)、《俄罗斯方块》(*Tetris*)、《异世界》(*Another World*)、《神秘岛》(*Myst*)、《模拟城市2000》(*SimCity 2000*)、《线条兔》(*vib-ribbon*)、《模拟人生》(*The Sims*)、《块魂》(塊魂)、《星战前夜》(*EVE Online*)、《矮人要塞》(*Dwarf Fortress*)、《传送门》(*Portal*)、《浮游》(*flOw*) 和《屋顶狂奔》(*Canabalt*)。这是人类历史上第一次有艺术机构将游戏作为永久藏品。②

游戏设计师Brenda Brathwaite认为,游戏蕴藏着一种美,玩家可以直接与设计师对话,而设计师也可以回应。不断更新的技术使得游戏媒介空前强大,如果艺术家愿意,它可以表达出艺术家想表达的任何事物。

思考题:

1. 就你最喜欢的一款独立游戏加以评述。
2. 试评论《旅程》(*Passage*)与《史丹利的寓言》(*The Stanley Parable*)的艺术特色。

---

① 一个关于人生的游戏[J]. 三联生活周刊, 2008(21): 140.

② HELEN WALTERS. Paola Antonelli on acquiring video games for MoMA[EB/OL].(2013-05-28)[2016-06-02]. http: //blog. ted. com/paola-antonelli-on-acquiring-games-for-moma/.

第三章 游戏创意故事

本章要点：

1. 游戏创意与革新
2. 游戏的现实意义
3. 游戏中的人文视角

第一节 空间戏法：错觉艺术

一、《纪念碑谷》与埃舍尔

如今，几乎每一个移动游戏玩家都知道《纪念碑谷》（*Monument Valley*）所获得的成就，但是在2013年Ken Wong受到荷兰版画大师埃舍尔启发开始设计游戏原型的时候，他并不会想到这款游戏将在短短的一年之后达到如此高的艺术水准。

在加入ustwo之前，Ken Wong曾在上海麻辣马工作室任美术总监，主导开发了《爱丽丝：疯狂回归》（*Alice: Madness Return*）。这款基于路易斯·卡罗尔小说《爱丽丝漫游奇境》的作品并没有获得系列前作那样的好评，在IGN上仅获得了6.5的评分。但不可否认的是，游戏中塑造出来的奇诡、瑰丽、充满想象力的奇境世界，仍然显现出了与其他游戏不同的艺术气质，就这方面的成就而言，身为美术总监的Ken Wong功不可没。

《爱丽丝：疯狂回归》源自文学名著，但并非照本宣科，乏味地改编作品。从美国人McGee到Ken Wong，他们都为这款游戏注入了新的血液—— 一些带有

Cult色彩，来自B级片的审美趣味——你不难从中看到一些蒂姆·波顿甚至是昆汀·塔伦蒂诺的影子。从那个时候起，Ken Wong就已经展现出了将灵感来源转化为独特艺术风格的能力，这种能力在他加入ustwo并着手开发《纪念碑谷》后变得日臻成熟。

游戏开发并非ustwo的主业，它的主业在于为其他公司软件设计UI，这也是它有别于其他独立游戏工作室的重要因素。在资金充裕的前提下，Ken Wong试图创造出一款令人赞叹的作品。Ken Wong在GDC China 2014的演讲中谈到，《纪念碑谷》的创意来自一款游戏和一幅画作。游戏《玩具车大冒险》（*Windosill*）简单的互动内容最终反映在了《纪念碑谷》的谜题设计上，而埃舍尔的画作《上升与下降》（*Ascending and Desending*）则为游戏的美术风格和谜题逻辑奠定了基础。①

荷兰版画大师埃舍尔是20世纪独树一帜的艺术家，人们很难用美术史上标准的流派划分方式来定义他，他的艺术成就也不在于笔触的细腻或用色的独特，而在于他在画作中融合了对建筑学、数学和拓扑学的理解，并聚焦于不可能结构、悖论或循环结构。

图3-1　《上升与下降》

① GDC CHINA 2014.《纪念碑谷》制作人 Ken Wong 不差钱的游戏情怀[EB/OL].(2014-10-19)[2015-01-03].http://www.chuapp.com/2014/10/19/89381.html.

在《上升与下降》中，人群围绕一个回廊前行，回廊完全封闭却保持着永远上升（下降）。这种结构名为彭罗斯阶梯，由罗杰·彭罗斯于1958年提出，与此类似的还有彭罗斯三角。除此之外，埃舍尔的《相对性》《瞭望塔》等作品都不同程度地构建了各种不可能结构。它们最终被《纪念碑谷》所借鉴和继承，引申出了诸多有趣的谜题。

如在游戏本篇的第4关“水宫”中，彭罗斯三角成为关卡的基本解谜逻辑。在资料片《被遗忘的海岸》第4关“静谧庭院”中，出现了几乎是完全复制自埃舍尔画作的瀑布，可以看作是对这位大师的致敬。类似的结构构建了整个游戏的视觉基础，也为游戏提供了大量的谜题来源。

除了将建筑结构作为灵感来源外，Ken Wong还从埃舍尔的作品中抽象出了游戏的美术风格。不可能结构的迷惑性在于，它通过符合人们认知习惯的严谨的建筑比例来让画作显得可信，而在一些细节处改变透视关系，利用视觉误差来扭曲结构。当还原到游戏中时，它同样要求游戏以无透视的2D画面来呈现结构，因此，《纪念碑谷》选择了用如今在数字艺术和游戏设计领域兴起的低多边形（Low Poly）风格来描绘世界。[①]玩家赞叹游戏谜题的精妙之余，也同样会为它极简的风格、柔和的色彩和优雅的气质所动容。在TechChrunch对Ken Wong的一次专访中，他表示在开发《纪念碑谷》过程中的目标之一就是让每一幅画面都能像艺术品一样挂在墙上。正是美术风格与谜题逻辑的相映成趣，组成了《纪念碑谷》的超现实游戏旅程。

《纪念碑谷》并非唯一从埃舍尔画作中获得灵感的游戏，早在2008年，SCE（Sony Computer Entertainment）旗下第一方工作室JAPAN Studio就在PSP和PS3平台推出了一款同样以利用视觉误差构建不可能建筑为基础的游戏，它的名称直白地概括了游戏的主要特征：《无限回廊》（無限回廊）。

在《纪念碑谷》诞生之初，很多玩家指出其与《无限回廊》的相似性，然而与优美精致的《纪念碑谷》相比，略显粗糙的《无限回廊》更加专注于谜题本身的设计。《无限回廊》同样源于埃舍尔的版画作品，但不同于《纪念碑谷》的是，它允许玩家自主转动空间，这意味着玩家可以真切地感受到自己是如何被视觉所欺骗的，进而主动通过转动空间来构建不可能结构，以解开谜题，通过关卡。

---

① 台伯河.低多边形风格：优美的抽象［EB/OL］.（2014-09-23）［2015-01-15］.http://www.chuapp.com/2014/09/23/81515.html.

《无限回廊》是日本九州大学的设计师藤木淳创造的“方格物体环境坐标系统”（OLE Coordinate System）在游戏中的第一次应用，它使埃舍尔的众多不可能建筑在模型上成为可能。在这套系统中，物体结构的运动不仅由物体在三维空间中的坐标所定义，同时由摄像机位置所定义。运用到游戏中时，眼睛就不只是被不可能结构所欺骗，同时也成为使不可能结构形成的一个变量。①

游戏逻辑可以归结于“眼见为实”，即无论结构在现实中是否成立，只要遵循玩家的主观认知习惯进行判断，游戏就可以成立。如通过旋转视角，使两段并不相连的道路在视觉上相交，那么它们就可以连通，可以形成埃舍尔《上升与下降》式的无限回廊，类似的回廊也曾在克里斯托弗·诺兰电影《盗梦空间》中出现。又如当角色面前道路存在陷阱时，只要通过旋转视角，使另一维度的物体遮盖掉陷阱，角色就可以平安通过。

值得注意的是，无论是埃舍尔的经典画作在呈现不可能结构时，还是《无限回廊》与《纪念碑谷》在设计和解决谜题时，它们所采用的都是建筑学中的等角投影（isometric projection）方法。这种透视方法用平行斜线表现立体和空间感，图像不受视点的影响，大部分图像的x、y、z三轴互相以120° 角相交，即我们经常提到的斜45° 视角。②

然而，在利用视觉误差来构建不可能结构时，等角投影却并非唯一的透视方法。

二、《菲斯》

如果说《无限回廊》因为粗糙和实验性而未能名声大振，那么《菲斯》（*FEZ*）则称得上是《纪念碑谷》之前真正达到极高艺术成就，且获得了媒体与玩家广泛认可的优秀作品。尽管并没有证据显示《菲斯》同样来源于埃舍尔的画作，但是游戏立足的逻辑却和此前的《无限回廊》，其后的《纪念碑谷》，抑或更早的《纸片马里奥》（*Paper Mario*）一脉相承。

《菲斯》作为Xbox Live Arcade的限时独占游戏推出之前，Fhil Fish已经和他的伙伴Renaud Bédard一起开发了超过四年。在获得2008年独立游戏节卓越视觉艺术

---

① Echochrome [EB/OL].[2014-07-06].https://en.wikipedia.org/wiki/Echochrome.

② 轩辕.如何设计游戏中的斜 45° 角建筑物？[EB/OL].(2014-05-12) [2014-07-06].http: //www. chuapp. com/2014/05/12/32601.html.

奖后，Phil Fish感到将技术演示和伟大的原型转化为成熟完整的游戏绝非一个轻松的过程。在《菲斯》推出的2012年，它获得了独立游戏节年度游戏奖项，即塞尤玛斯·麦克纳利奖，历年来获得过这个奖项的还有《安琪拉之歌》《蜡笔物理学》《我的世界》等大名鼎鼎的作品。而它击败了像《超越光速》（*FTL: Faster Than Light*）这样的优秀作品。[①]同年拍摄的《独立游戏大电影》（*Indie Game: The Movie*）将《菲斯》和《时空幻境》（*Braid*）、《超级肉男孩》（*Super Meat Boy*）放在一起，作为观照独立游戏开发和生存状态的范例，讲述它们的故事。

在《菲斯》的世界中，葛麦斯作为一个二维的角色生活在一个三维的世界中，玩家可以通过旋转视角从前后左右四个角度来直视世界，在任何一个角度上，画面都视同二维空间，葛麦斯可以无视原本在纵深的z轴上处于不同位置的两个平台的前后关系进行移动。将世界旋转90°，z轴呈现在眼前时，原本的x轴则消失不见。严格来说，《菲斯》的世界并非真正的不可能结构，它只是靠错觉来完成不可能动作。这种相信“眼见为实”，忽略透视关系，通过玩家主动构建视觉欺骗为解谜关键的设计思路本质上与《无限回廊》并无二致。

《无限回廊》和《纪念碑谷》同为解谜游戏，而《菲斯》在解谜之外还有颇为丰富的动作元素，一些活动的场景元素需要玩家掌握调整视角的时机，来完成跳跃、攀爬等一系列动作。更加使之出乎侪辈的是它模式丰富的谜题、深邃的内涵及极高的完成度。《菲斯》的谜题中综合运用了视觉符号、听觉辨析等多样化的解谜手段，甚或将谜题隐藏在二维码和奖杯信息中。大量原创符号指涉数字、字母、操作按键，潜藏的关于长头人、方头人、扁头人、外星人的文明演变史有隐喻人类文明史的意趣；二周目和三周目分别开启的第一人称视角和红蓝3D显示模式让玩家有更多的方式理解游戏的空间结构，也让玩家模糊了虚拟与现实的区隔。

天才的Phil Fish一向不是个性格乏味、逆来顺受的“乖宝宝”，他曾公开藐视日本游戏，批判微软政策，在一场与某作者的骂战之后，他一怒之下选择离开游戏行业，取消续作的开发。[②]对于玩家来说，这是一个令人无比遗憾的结局，而对于Phil Fish来说却已足以名垂史册。

---

① Seumas McNally Grand Prize [EB/OL]. [2014-07-06]. https://en.wikipedia.org/wiki/Seumas_McNally_Grand_Prize.

② Fez 2 canceled, Phil Fish confirms (updated) [EB/OL]. (2013-07-27) [2014-07-21]. http://www.polygon.com/2013/7/27/4563350/fez-2-canceled-phil-fish-confirms.

第二节　人文视角：情感诉求

一、《古堡谜踪》

在日本游戏业正在回暖的今天，人们或许会回想起处在日本游戏最辉煌时期的2001年。那一年，日本诞生了很多在今天仍有影响的经典游戏，包括《最终幻想10》（*Final Fantasy* X）、《寂静岭2》（*Silent Hill 2*）、《潜龙谍影2：自由之子》（*Metal Gear Solid 2: Son of Liberty*）、《鬼泣》（*Devil May Cry*）、《鬼武者》（*Onimusha*）等，它们共同构成了那个黄金年代。《古堡谜踪》（*ICO*）就诞生于那一年，它是一款从各方面看都显得有些异样的作品，它的设计师上田文人和ICO小组从那时起开始在人们的记忆中占据一席之地。

1993年，23岁的上田文人毕业于大阪艺术大学油画学科现代美术专业，那时的他希望成为一名职业艺术家，但随后他加入WARP公司并作为动画师参与开发《异灵》（*Enemy Zero*），这一决定改变了他此后的职业走向。初出茅庐的他并不认为这款游戏足以实现他的构想，在他离开WARP公司之后，SCE向他抛来了橄榄枝。①

不同于大多程序员出身的游戏设计师，艺术教育的背景赋予了上田文人独特的审美理解力和人文视角。他对《古堡谜踪》起初的构想是一个关于“男孩邂逅女孩”的故事，两个角色在冒险中没有太多语言交流，而是相互牵手建立起联系，一同前行。在这样的构想中，没有传统意义上被视为游戏机制的东西，它更多地像是为游戏奠定情感基调。

上田文人为游戏《古堡谜踪》制作了一段三分钟的概念短片，将短片转化为游戏时，很多细节发生了变化：女孩Yorda由红衣变为白衣，头上的角长到了男孩Ico的头上，攻击城堡的机器生物简化为抽象的黑影。但构想中最初也是最核心的概念，即两人鲜以语言交流，一同牵手冒险的设定从未变动。②

我们今天将《古堡谜踪》视为游戏史上的艺术佳作，“牵手”系统在其中起到了决定性作用。游戏中玩家控制的Ico可以像大部分动作冒险游戏主角一样跑、跳、攀爬、开启机关或是用武器攻击敌人，而Yorda除了跑和短距离的跳以外不具有任何能力。相较于2008年版《波斯王子》（*Prince of Persia*）中的公主艾莉卡或《神秘

① Fumito Ueda[EB/OL].[2014-08-26].https://en.wikipedia.org/wiki/Fumito_Ueda.

② Ico[EB/OL].[2014-08-27].https://en.wikipedia.org/wiki/Fumito_Ueda.

海域》(*UNCHARTED*)系列中的苏利文，贯穿《古堡谜踪》始终的Yorda在游戏中只是一个纯粹需要Ico保护的角色。在Ico带领Yorda逃出城堡的路上，一旦Ico离开Yorda太远太久，Yorda就会被黑影掳走，尽管Ico也可以呼唤Yorda跟上，但牵起女孩的手奔跑才是保护她最主要的办法。

抛开传统游戏中与场景互动的解谜机制不谈，《古堡谜踪》通过塑造一个柔弱的角色，朦胧地描绘男孩和女孩之间的关系来唤起玩家的情感共鸣，进而激发玩家自发的保护欲。同时，这并非游戏赋予的强制任务，而是玩家出于情感认同主动保护女孩，这是"牵手"系统的基础，也是《古堡谜踪》独特艺术性的根源。

游戏史上讲述动人故事的作品俯仰皆是，《古堡谜踪》在其中并不突出，但它在那个游戏追求"好玩"的年代展现出了另一种可能性：将叙事中的情感体验与推动游戏进程的核心机制紧密结合在了一起，以前者作为后者的驱动原力，宣告基于情感表达的原始概念同样可以转化为优秀的游戏，宣告作为游戏特有的交互性也可以建立在人文情怀而非单纯的娱乐需求之上。

也许是受累于清冷的艺术气质和超前的艺术理念，《古堡谜踪》销量平平，但在当时赢得了玩家和媒体的广泛赞誉，获得了众多设计类和艺术类奖项。此后上田文人继续主导开发《汪达与巨像》(ワンダと巨像)并于2005年将其推出，同样聚焦于青年为了爱情所做的努力，强调情感体验在游戏中的推动力，这款游戏成为PS2末期的另一款经典作品。

上田文人在2011年离开了索尼电脑娱乐，但并没有停止开发新作《最后的守护者》(人喰いの大鷲トリコ)。这部将视角投射到人类与自然情感上的作品被上田文人定义成"Trico"——游戏名称中的トリコ——意为"第三部《ICO》"，在精神上与《古堡迷踪》和《汪达与巨像》一脉相承。

《古堡谜踪》基于情感认同引发玩家保护欲的游戏机制在其后更多的游戏中得到了传承，我们可以从《生化奇兵：无限》(*BioShock: Infinity*)中的伊丽莎白或《最后生还者》(*The Last of Us*)中的艾莉身上看到Yorda的影子。

二、《风之旅人》

2008年独立游戏被行业内广泛认可和接受之后，包括《地狱边境》(*LIMBO*)在内的一部分独立游戏也曾尝试将情感体验摆在一个较核心的位置上，但在主流商业游戏领域，前承上田文人精神，纯粹地专注于游戏中玩家的情感体验进行艺术探索，且在业界与玩家中一致获得了巨大声望和影响力的制作人，大概要数2012年开发《风之旅人》(*Journey*)的陈星汉了。

陈星汉是土生土长的中国人，和所有普通中国年轻人一样在应试教育的体制下读完了小学、中学和大学，但当他违逆父亲让他向计算机方向发展的意愿，坚持自己对艺术的爱好，前往南加州大学电影艺术学院时，中国游戏人在游戏史上迈出了最遥远也最深刻的一步。

如果说上田文人在创作《古堡谜踪》时，尚因艺术游戏没有在商业游戏中获得足够独特的地位而显得有些寂寞的话，陈星汉则赶上了一个更加多元的、艺术探索向游戏有着更多发展空间的时代。上田文人曾尝试的以情感为驱动力的游戏机制，在陈星汉的游戏中得到了更彻底的贯彻和运用。

陈星汉在游戏中传达情感的志愿源自他的初中时代。1995年，14岁的陈星汉通关了后来在中国游戏史上留下了深刻烙印的《仙剑奇侠传》，年少懵懂的他被游戏中李逍遥、赵灵儿和林月如之间的情感感动到落泪。在认真反省自己的生活之后，他发下把一生用于帮助别人体验自己从这款游戏中获得的感受的宏愿。[①]《仙剑奇侠传》含蓄的东方式情感在十余年后通过陈星汉之手传到了整个西方游戏世界。

《云》(*Cloud*)是陈星汉在南加州大学期间开发的第一款引起波澜的游戏，契机来自他希望开发一款与当时的《侠盗猎车手3》(*Grand Theft Auto Ⅲ*)相反的、没有暴力且不会让人产生焦躁情绪的游戏。他将自己童年时的经历和幻想映射到游戏中，描述了一个困于病榻上的孩子幻想在云间飞翔的体验。[②]这款自娱之作意外地在同学之间获得了强烈的反响，随后获得了GDC和IGF的肯定。这款游戏中舒缓、流畅、温暖的情绪是陈星汉自称的“禅派”(Zen genre)游戏特点的初次呈现，以作者的自我情感表达为基础，奠定了其后数款游戏的基调。

毕业后的陈星汉创立了thatgamecompany，与SCE签了三部游戏的合约。《浮游》(*flOw*)、《花》(*Flower*)使他声名鹊起，也打破了诸多PSN下载游戏的纪录，而《风之旅人》的出现，成为2012年整个游戏界的大事件。

---

① 大狗.陈星汉的“中国式”童年[EB/OL].(2012-05-29)[2014-06-01].http://game.163.com/special/jianzheng_23/.

② 守夜的查理.天才制作人陈星汉的游戏旅途[EB/OL].(2014-05-27)[2014-06-01].http://youxiputao.com/articles/1528.

上田文人在设计《古堡谜踪》时，将他的情感体验安置于一个冒险解密类型的外壳中，而《风之旅人》则更进一步，抛弃了既有的游戏原型，以一段纯粹的行走过程作为游戏的核心玩法。如果用类型化的视角来评判，其游戏性近乎为零，但《风之旅人》恰恰是在用剥离玩法枝叶，只留情感主干的方式探索情感在游戏艺术的最大化作用，拓展了游戏的边界。

2012年，陈星汉在中国传媒大学的一次演讲中展示了一幅作为《风之旅人》最初策划案的原画，画中只有一条代表游戏中地理海拔的曲线图，从初时沙漠的平缓上升，到遗迹的骤然下降，再到雪山的陡然飞升，这个起伏过程同时代表着玩家在两个小时的游戏体验中感受到的情感曲线，这种传递游戏体验的方法借鉴自好莱坞电影中的三段式叙事。以预期达到的情感体验而非核心玩法作为游戏策划案，这种方式与上田文人构想《古堡谜踪》时的做法非常相似。

《风之旅人》此后一切设计都围绕着这个核心进行，为了最纯粹地将旅途中的孤独感和人与人间既温暖又陌生的关系展现出来，开发人员舍去了诸多在其他游戏中已成标准的做法。在旅途中，系统会随机匹配其他玩家，但通过取消碰撞、资源共享消弭了玩家间天然存在的对抗和竞争关系，通过将玩家人数限制在两个来解决心理学中存在的群体压迫感问题，通过两个玩家靠近就可以互相补充资源的机制来鼓励玩家间的合作。最有趣的是，玩家在游戏中只能以一个符号来向其他玩家示意，而只有在游戏结束时才能看到旅途中伙伴的ID，这一设计避免了与游戏气氛不符的文字信息破坏玩家的沉浸感。

与《古堡谜踪》中“牵手”系统以玩家的情感介入为驱动力的设计不同，《风之旅人》更强调游戏本身提供给玩家的情感体验。雪山关卡中，伴随着风雪中角色步履蹒跚地迈向死亡，角色的呼声会消失，衣服会变僵硬，而作为目的地的远山同样会逐渐隐没，这些细节带给玩家最绝望的感受。这个关卡令陈星汉本人在对其进行调整时，想到了游戏开发的艰难历程，他几乎是“一边玩一边哭”[①]。

《风之旅人》打破了PlayStation Store的最快销售速度纪录，在评奖季成为当年最大赢家，这些当然是作为thatgamecompany创始人和创意总监的陈星汉希望看到的漂亮业绩，但作为游戏设计师的陈星汉，最愿意看到的也许却是玩家在游戏中彼此友善的帮助，默契的旅行以及旅程结束时的心灵震撼，就像他们在论坛中的留言和给thatgamecompany所写的上千封感谢信中所写的那样。

---

① 陈星汉.《风之旅人》设计师分享团队开发游戏的过程[EB/OL].(2014-02-11)[2014-06-01]. http://gamerboom.com/archives/81509/.

2015年8月，在时隔十余年重新开放的中国游戏机市场上，PS4版《风之旅人》推出了行货正版，一个受到中国游戏启发的中国人开发的蕴含东方式情感的游戏，终于在受到了以西方为主导的游戏业的肯定后，堂堂正正地回归到中国玩家的视野中。

第三节　沉思录：植根现实

尽管游戏作为艺术的一种形式如今已被越来越多的人所承认，然而让游戏始终离真正的艺术还有很大差距的一部分的原因，在于其鲜有对现实问题的观照、思考和呈现。但这不妨碍一部分独立游戏甚至商业大作已开始了从值得关注的社会焦点问题取材的尝试。

一、《看门狗》

《看门狗》（*Watch Dogs*）自2009年开始开发，在2012年6月的E3上首次公布，这款育碧的原创沙盒游戏聚焦于越来越为人们所关注的公众信息安全问题，并且很快就在一年后证明了它的先见性——2013年6月，“棱镜门”事件曝光。

根据前中情局职员爱德华·斯诺登披露给英国《卫报》和美国《华盛顿邮报》的资料，美国国家安全局自2007年小布什执政期间就开始实施一项代号为“棱镜”的针对普通民众的监听计划，监听渠道来自苹果、谷歌、微软、雅虎等九家国际互联网公司的服务器。“棱镜门”事件曝光后，国际社会一片哗然。

“棱镜门”事件证实了此前人们时有的担心，当公民的所有基本资料都不可避免地关联到几家互联网巨头时，公民无法保障自己的隐私能得到有效的保护。《看门狗》的故事就是建构在这样的背景之下。

作为一款以现实中的芝加哥为原型的虚构故事游戏，《看门狗》对现实进行了较大程度的夸张，其中的布鲁姆公司和ctOS有着远比现实中的iOS或Android系统更广的覆盖范围和更强的控制能力，游戏中小至个人手机和汽车，大至道路、桥梁和公共设施，全都处于统一的网络系统之下。这样的超现实极端环境不失为对未来的一种悲观预测，也将公共信息安全问题摆在了一个更严峻的位置上。

就游戏主角艾登·皮尔斯个人而言，这仅仅是一个简单的复仇故事，但游戏借其作为黑客的强大技术能力展现了互联网在一个并不十分长远的未来可能对公民信息造成的威胁，而游戏中的DedSec组织则直白地将游戏作者的反思展现给了玩家。据《看门狗》品牌总监Thomas Geffroyd称，关于DedSec组织的灵感来自现实中的黑客组织Anonymous。①

这样的题材同样为《看门狗》提供了一系列基本玩法，游戏主线、支线和日常活动主要围绕着窃听信息、调取影像、解码数据等行动来进行，在战斗时经常利用周围的热力管线、变电箱杀伤敌人，再通过影响警方通讯、造成停电来摆脱追捕，这些行为全部通过艾登黑入ctOS系统实现。尽管在《杀出重围：人类革命》（*Deus Ex: Human Revolution*）中可以看到似曾相识的黑客系统原型，但《看门狗》进行了大幅度的创新，为现实题材沙盒游戏提供了一些新的思路。

实际上，尽管少有电影会完整细致地塑造一个被大型网络系统彻底控制的可信世界，但仍不难看出《看门狗》从一些类似题材的影视作品中获得了启示。游戏创意总监Jonathan Morin在接受GameSpot采访时表示，《看门狗》的灵感来自Jonathan Nolan编剧的美剧《疑犯追踪》。此外，《碟中谍》等谍战电影，类似主题的电影《全民公敌》及提供了不同反思角度的《楚门的世界》都可能是游戏的参考。

"9·11"事件后，公共信息安全与政府反恐要求成为一对无法彻底弥合的深刻矛盾，当政府通过侵犯公众隐私来保护社会免于不法分子或恐怖分子的攻击时，这其中的道德悖论难以以简单的是非判断给出答案，这也是"棱镜门"事件并未对美国政府造成如"水门事件"一般的信任冲击的原因，同时也是朱利安·保罗·阿桑奇和他的"维基解密"所面临的道德困境。②

令人遗憾的是，作为商业游戏的《看门狗》无力在这个问题上挖掘太深，除了描绘了一个令人警惕和反思的世界外，艾登的复仇故事并不介入对ctOS太多的道德判断，布鲁姆公司掌握的大量公民隐私并未实际造成巨大影响，DedSec也没有深刻指出保护隐私安全与公民物质需求间的矛盾，游戏对于公共信息安全的讨论仍然只是触及了一些皮毛后就避开了核心问题。但《看门狗》大胆从热点敏感的话题中取材的做法仍然对游戏行业观照现实、提升社会价值的目标提供了有益的启发。

---

① ALEX WOLFE. "Watch Dogs" gameplay: DedSec hacker group was inspired by Anonymous [EB/OL].(2014-05-02)[2015-07-08]. http: //www.gamenguide.com/articles/10788/20140502/watch-dogs-gameplay-games-dedsec-hacker-group-was-inspired-by-anonymous.htm.

② Julian Assange [EB/OL]. [2014-02-06]. https: //en.wikipedia.org/wiki/Julian_Assange.

二、《时空幻境》

《时空幻境》(*Braid*)是另一种不同于《看门狗》的尝试。

尽管如下猜测始终没有得到《时空幻境》开发者Jonathan Blow的确认,但它却几乎是愿意深入挖掘游戏隐藏指涉的玩家的共识,即这是一款关于反思核武器的游戏。

"现在我们都成了混蛋。(Now we are all sons of bitches.)"这句来自美国物理学家Kenneth Bainbridge于1945年7月16日人类第一次成功试爆原子弹时在爆炸现场10公里外的地堡中留下的名言,出现在了《时空幻境》结尾的文字中。①

从各个角度来看,《时空幻境》都是一部伟大的艺术游戏,遑论独立视之皆大有可观的音乐、美术、剧情故事,仅仅是精妙的关卡设计和深邃的主题之间的契合,就为游戏艺术发展出独有的艺术语言起到了巨大的推动作用。

《时空幻境》以"时间"为主题,时间的流动是可回溯的。但是不同于《波斯王子:时之沙》(*Prince of Persia: The Sands of Time*)仅将时间回流作为过关手段,《时空幻境》在六个不同的世界中通过以不同方式对时间进行控制来阐释游戏对于时间与空间、人的错误和宽恕、行为选择、人际情感之间关系的理解,每一世界的关卡设计都与当前世界的背景故事所要表达的主题高度统一。

然而,结合那句关于核试验的名言来审视游戏的故事文字和游戏情节,则很容易得到一些更深层次的合理解释。提姆(Tim,一个对于time的隐喻)怀着对过错的歉疚始终追寻公主而不得,最终却发现当时间倒转,本意营救公主的自己才是公主面前最大的恶魔,这不免让人想到广岛和长崎遭受原子弹轰炸后,在世界始终处于核武器威胁的阴影之下时,那些曼哈顿计划中的功臣所面对的道德困惑。在这样的隐喻中,提姆是核武器的研究者和制造者,公主则可能是改变了人类历史走向,却又拷问着人类灵魂与未来的"小男孩"和"胖子"(投掷于广岛和长崎的原子弹的名字)。

这样的解读还可以在游戏中找到更多的线索,如提姆始终寻求将错误安全地隐藏在时间的褶皱里,如隐藏结局中时间倒转之前的耀眼白光和之后公主的消失,如尾声中的废墟与重建,都让人相信那句名言的出现并非偶然。

对于这种解读,Jonathan Blow并未给出明确的答案。他对TheA.V. Club的记者称,他认为《时空幻境》有多种不同的解读方式,他并没有能力用语言解释游戏

① Kenneth Bainbridge[EB/OL].[2014-06-08]. https: //en.wikipedia.org/wiki/Kenneth_Bainbridge.

的整个故事。[①]而在接受Joystiq的采访时，他说游戏的核心概念是一些“宏大而微妙的东西”，“无法直白地陈述”，他更希望留给玩家更多的思考空间。[②]然而无论Jonathan Blow给出怎样的答复，认为游戏是对核武器的反思的看法至今仍是最可以解释游戏中诸多隐喻的一种解读。

三、《抑郁自白》

除去社会问题，人类在内向面对自身时遇到了更多困境，它们同样值得游戏给予关注。

Zoe Quinn将关注的视角投向了抑郁症患者，开发了《抑郁自白》（*Depression Quest*），这是第一款在游戏这个娱乐的世界中严肃地呈现这个令人悲伤的群体的作品。从任何意义上来说，《抑郁自白》都算不上是一款好玩的游戏，甚至这样一款更应该称为互动小说的软件是否应归属于游戏都存在争议，然而毫无疑问的是，它的形式昭示着Zoe Quinn在试图通过一种更大众化的手段让人们了解、理解和关爱抑郁症患者，这是游戏艺术所应承负的责任。

作为一款互动小说游戏，《抑郁自白》的基本游戏方式是通过选择延续剧情，但最能反映其主题意图的，恰恰在于被划去了的选择。

当常人在面对生活的压力或内心的困苦时接到女友打来的电话，邀请他参加她在家举办的聚会并希望他留下过夜时，他或许会委婉地拒绝并安慰女友，也同样有可能提示自己放松心情，抛弃压抑，去度过美好时光。然而在抑郁症患者看来，这些符合社交逻辑的理智选择遥不可及，他们可能因焦虑和不安而陷入内心的黑洞，最终在生活中颓然而无所适从。这样的心理，对于并非处于这种漩涡之中的常人来说同样难以理解。《抑郁自白》中，那些对于常人来说理所当然的选项在抑郁症患者的心中被刺眼的红线划掉了。[③]

抑郁症患者既无力表达内心情感，又往往对自己的状态怀有负罪感，进而陷入更强烈的抑郁中。在《抑郁自白》中，任何一个消极的选择都会导致游戏的主角滑向更遥远、更黑暗的深渊。游戏的五个结局中，抑郁症都未能真正治愈，这正是抑

---

① CHRIS DAHLEN. Game designer Jonathan Blow: what we all missed about Braid[EB/OL].(2008-08-27)[2014-06-01]. http://www.avclub.com/article/game-designer-jonathan-blow-what-we-all-missed-abo-8626.

② JUSTIN MCELROY. Joystiq interview: Blow unravels Braid in postmortem[EB/OL].(2008-09-25)[2014-06-17]. http://www.engadget.com/2008/09/25/joystiq-interview-blow-unravels-braid-in-post-mortem/.

③ 大狗．一个抑郁症者的自白[EB/OL].(2014-09-10)[2014-11-12]. http://www.chuapp.com/2014/09/10/77353.html.

郁症患者真实的困境与悲哀。

抑郁症作为一种心理疾病，很难得到常人的真正理解，也始终未能得到足够的重视，但事实上，抑郁症已成为诱发自杀的主要原因。弗吉尼亚·伍尔夫、凡·高、川端康成、海子、顾城都死于抑郁症，而在《抑郁自白》于Steam发布当天，著名喜剧演员罗宾·威廉姆斯因抑郁症弃世。

这个时间的巧合，及《抑郁自白》本身所呈现出的压抑感令Zoe Quinn承受了来自玩家的诸多责难，然而她在游戏的说明文字中已经写道："游戏的目的有两个：首先，我们希望尽可能清楚地描述抑郁的感受，让那些没有处于抑郁症中的人们能够更好地理解它。希望它能引起更广泛的关注并消除社会的歧视和误解。其次，希望通过对抑郁症最大限度地模拟，来让患者知道他们并不孤独，并能从中得到宽慰。"

对于抑郁症患者和整个社会来说，《抑郁自白》多少有利于人们的彼此理解和关爱；而对于《抑郁自白》及其他所有关注社会问题的游戏来说，不囿于幻想的世界和娱乐的界限，取材于人类真正关心的问题，赋予游戏以更多人文关怀和社会思辨，更是游戏所应承负的社会责任。

第四节　借鉴转化：他山之石

人类的艺术史存在着一个伴随着技术发展而逐渐综合的趋势，及至我们称游戏为"第九艺术"时，它已比此前的任何艺术形式都有了更多的综合性。不可避免地，游戏的创意时而就源自其他的艺术形式，并对其加工与转化，最后成为游戏中独到的表现形式。

一、《致命框架》与《画中世界》

《致命框架》（*Framed*）被苹果选入2014年年度精选[①]，同时令《潜龙谍影》系列制作人小岛秀夫在Twitter上誉其为个人心目中的年度最佳游戏[②]。显然，这款游

① 书上. App Store 年度精选揭盅，《决战喵星》《剑无生》《乱斗西游》等 4 款国产游戏入围[EB/OL].（2014-12-08）[2014-12-22]. http://www.chuapp.com/2014/12/08/106363.html.

② EDDIE MAKUCH. Hideo Kojima's favorite game of 2014 [EB/OL]. [2014-12-22]. http: //www.gamespot.com/articles/hideo-kojima-s-favorite-game-of-2014/1100-6423792/.

戏最引人注目之处在于独出心裁的创意——在游戏中模仿美式漫画，以画格的排列组合作为推动游戏进程的核心玩法。

在App Store上的官方宣传视频中，游戏开发者Loveshack Entertainment展示了这样一个段落：在一幅由四个画格构成的画面中，情节按画格顺序展开，主角在第一格中破窗而出，沿着一道绳索滑向对面大楼，在第二格中被一把手枪击中，惊起了第三格的鸽子，在最后一格坠落，游戏失败。但随着玩家滑动调整了中间两格的顺序，故事变成了截然不同的走向。主角破窗而出后先惊起了第二格的鸽子，鸽子在第三格扰乱了射击的敌人，手枪没有击中主角，主角得以安然逃脱。类似的桥段贯穿游戏始终，并在后期构造了更加复杂的关卡。

《致命框架》的三位开发者都是行业内的资深人士，参与过牛蛙工作室的经典作品《上帝也疯狂》（*Populous*）、《主题医院》（*Theme Hospital*）、《极道枭雄2》（*Syndicate Wars*）等，深谙游戏设计的精髓。[①]他们准确地意识到了漫画和游戏叙事方式的本质不同，即游戏通过不间断的连续画面叙事，而漫画则以画格为基本单位，因此他们将后者移植到前者之中，通过游戏艺术所独有的玩家参与属性来改变漫画由读者被动接受的局面，对漫画基本单位进行解构和重构。在游玩《致命框架》时，比起漫画作者，玩家更像是电影剪辑师。

构成《致命框架》每一个关卡的基本理念在于事件发生的前后逻辑，当场景或事件发生顺序不同时，故事的因果关系也会发生倒置。在接受Polygon的采访时，开发者提及了布莱希特提出的“打破第四堵墙”的戏剧理论，他们希望玩家可以既体会角色情感，同时意识到他们是在玩游戏，自主地探索和构建游戏情节。这一观念与早年牛蛙工作室的游戏一脉相承。

开发者之一的Joshua Boggs很早就有了对于《致命框架》的基本灵感，而将灵感促成为最终作品的则是Scott McCloud在1993年出版的《理解漫画》（*Understanding Comics*）一书，该书以漫画的形式介绍了漫画的发展沿革、艺术语言和表现手法[②]。开发者们最初通过纸笔画出漫画的分格来考虑组合的不同可能性，并且有意识地将作者的叙事摆在次要的位置上，而鼓励玩家根据自己对于漫画逻辑的理解组合故事。为了赋予游戏叙事的多义性，他们甚至没有为游戏提供任何对白。

---

① MIKE ROSE. How trial and error helps and hinders in video game design［EB/OL］.（2013-03-15）［2014-10-15］. http: //www. gamasutra. com/view/news/188531/How_trial_and_error_helps_and_hinders_in_video_game_design.php.

② Understanding Comics［EB/OL］.［2014-10-21］. https: //en.wikipedia.org/wiki/Understanding_Comics.

更有趣的是，除了每一具体关卡中画格的排列组合外，游戏宏观的故事同样是一个可以重新排列的结构。当玩家推进故事走向终点，女主角与男主角相会时，会发现终点同时也是游戏的起点，男主角再一次开启的旅程已与第一次不尽相同。这种循环结构赋予了游戏更多的解读方式，从更高的层面上践行了对给予玩家自主剪辑权的探索。从微观到宏观的叙事重组，恰与克里斯蒂安·麦茨“八大组合段”电影理论中的“普通段落”和“叙事性组合段”相呼应。

2013年，《致命框架》参加了多伦多漫画艺术节上一场名为“漫画对游戏”（Comics vs. Games）的展示活动，参展游戏中还有一款名为《画中世界》（*Gorogoa*）的游戏，这款游戏同样以图画为灵感来源，引起巨大反响，在2014年独立游戏节上获得了卓越视觉艺术奖。

与《致命框架》通过漫画形式实现叙事剪辑的思路不同，《画中世界》专注于画面本身的重叠、组合和分解。游戏采用铅笔画画风，具有强烈的图画质感，画面是动态且可拉伸的。画面中的一些元素，如墙壁上的窗口与窗口外的风景，可以拆分为两个独立的画面，将室外的阁楼图画覆盖到角色室内的门上，角色就可以从阁楼中走出。游戏通过四个画格的拆分和组合，结合每个画面镜头的推拉摇移，不断演变场景，推进故事。游戏同样没有对白，玩家需要在游戏进程中观察画面彼此之间的联系，找到解谜的路径。

这个几乎难以用语言准确描述的玩法的灵感来自开发者Jason Roberts日常所喜欢的互动漫画，他为这种漫画提供了细腻柔和的美术效果和迷宫一般的交互性。Jason Roberts在博客中记录下了开发过程中创意的不断变化，尽管截至行文时《画中世界》尚未发行，但耀眼的获奖纪录和出色的玩法创意已足以使它成为游戏艺术借鉴漫画的又一典范。

二、《纸境》

在谈及游戏借鉴其他艺术形式时，颇为常见的是对电影的借鉴，从《潜龙谍影》（*Metal Gear Solid*）系列、《神秘海域》（*Uncharted*）系列、《使命召唤》（*Call of Duty*）系列的电影化演出，到法国公司Quantic Dream的互动戏剧《暴雨》（*Heavy Rain*）、《超凡双生》（*Beyond: Two Souls*），都不难看出游戏在努力追求电影业已成熟的艺术语言。然而，这种追求仍然停留在剧情呈现层面，没有将电影作为深入到核心玩法层面的创意来源。

另一些游戏虽然并非启发自传统八大艺术，但却将古老的手工艺术演化为游戏的核心机制。《纸境》（*Tengami*）的创意来自滥觞于1240年、流行于19世纪的德国和英国的立体书（Pop-up book）。

一家来自英国的游戏工作室Nyamyam，开发了一款日本和风游戏，《纸境》是多元文化碰撞的产物，游戏名称是“天国”（tengoku）和“和纸”（wagami）日语发音的组合。团队中仅有的三名全职员工分别来自三个不同的国家，他们作为微软第一方开发商Rare Ltd.的前员工，在因感到大公司大项目无法充分发挥个人创意而相继辞职后，决定共同创作梦想中的伟大游戏，成立了Nyamyam。

这款他们梦想中的“伟大游戏”最初闪动的创意光芒是立体书的视觉和关卡设计，负责技术与编程的英国人Phil Tossell和负责情节与设计的德国人Jennifer Schneidereit有着天然的国籍优势。为了实现理想中的效果，他们专程花费一年时间向英国布里斯托大学的Duncan Birmingham学习立体书的设计和制作，后者曾出版《弹出！纸艺手册》（*Pop-Up! A Manual of Paper Mechanisms*）一书来专门介绍立体书的制作原理。[①]《纸境》最终证明，他们的时间并没有白费。

玩家以翻开一本书的方式开始游戏的旅程，镜头推进，一个由纸所搭建的立体世界跃然呈现。在樱花树下打坐的日本武士同样是一张纸，伴随着三味线演奏的舒缓音乐，他将穿越狭小岛国所包罗的山川、雪原、深林、瀑布景观，出入古日本的鸟居、神庙、佛寺、木塔，抵达心灵的终点。日本人东江亮的美术设计，千代纸与其他多种和纸的质感与立体书的结构相结合，构成了《大神》和《胧村正》（朧村正）中所呈现的浓郁和风，更是物哀文化在游戏艺术中的一次成熟实践。

除了在翻转场景时通过典型的翻页方式外，游戏中的一些谜题同样通过拉动纸张来构建小桥、台阶等通路。尤其在第二关的瀑布关卡中，几次翻转的纸张结构构成了角色的前进通路，这是将立体书机制用于游戏解谜机制的典型方式。[②]

当然，一个优秀的创意有时意味着很难从既有游戏中找到借鉴或从成熟引擎中找到工具。在实现理想中《纸境》的效果时，Nyamyam发现没有任何现有引擎可以完全满足他们的需求，为此，他们又以3D建模工具MODO为基础开发了“Paper Kit”套件，用于立体纸艺模型的生成和制作。

---

① 张帆.《纸境》——立体纸艺世界的幕后心路历程[EB/OL].(2014-02-27) [2014-08-08]. http: //www.chuapp. com/2014/02/27/8579. html.

② TRON.《纸境》：残缺的纸艺立体物语[EB/OL].(2014-03-03) [2014-08-08], http: //www. chuapp. com/2014/03/03/9455. html.

充足的设计准备与强大的技术实力让《纸境》的综合视觉表现力近乎完美，然而，这并不能掩盖在一个精妙的创意背后，《纸境》作为解谜游戏在谜题设计上的平庸。除了切换场景，搭建道路外，游戏并未在立体书的几何学原理上挖掘出更多的解谜可能性，一些诸如依序敲钟或解码数字的寻常谜题在游戏中占据了不小的比重。

无论如何，《纸境》经过三年多的开发，终于登上App Store，并在2014年上半年和《纪念碑谷》一起获得了关于游戏艺术化的广泛关注，但它并非唯一，也并非最早以立体书为创意的游戏。温哥华国际电影大学游戏设计专业的一部毕业作品《魔法之书》（*Opus Pocus*）展现了另一种可能。

《魔法之书》同样是一个建立在书中的世界，尽管它并不像《纸境》那样有着逻辑严谨、结构复杂的立体书设计，艺术风格和玩法也更类似于《纸片马里奥》，但作为一款平台动作游戏，它依然有着独特的世界表现方式。一些原本以纸片形式存在的直立物体，如树木或桥梁，在书页折叠时会成为平面的平台，而适时地在平面与直立之间切换，组合需要的平台，成为游戏的核心玩法。①

就完整游戏而言，《魔法之书》流程简短，关卡设计也比较单一，然而作为一款早于《纸境》诞生，仅是毕业设计的作品，它已展现出了足够的创意。

令人遗憾的是，这款游戏未能获得太高的关注度，开发团队的五个人也只是临时结组，在免费发布了游戏之后并未进行迭代和商业化，也没有公布任何续作。

三、《六号设备》

《六号设备》（*DEVICE 6*）不同于以上任何一款游戏。虽然《六号设备》与文学的关系不言而喻，但它并非像《致命框架》或《纸境》那样从文学本身的艺术语言取法来丰富游戏的核心玩法，它更多是借鉴了文学的载体，即以图书的形式来呈现内容。正如瑞典游戏工作室Simogo不断尝试的那样，《六号设备》在丰富互动文本阅读方式上成绩卓著。

游戏以Anna从一个陌生的城堡中醒来并丧失了关于如何来到这里的记忆为开端，玩家要跟随Anna的脚步逐步探索城堡所在的布置着奇怪设施却空无一人的孤岛。一步步走过花园、墓地、灯塔，最终Anna发现自己身处一个名为HAT的组织设置的关于“六号设备”的试验中。从关卡设计来看，这是个典型的密室逃脱类解谜

① Opus Pocus[EB/OL].[2014-12-21]. http://www.ddvgames.com/?page_id=67.

游戏。

《六号设备》几乎完全通过文本表现Anna的探索过程，就像一部短篇小说，不同之处在于，文字的排版与故事的发展是紧密相关的。当Anna在房间内观察环境时，文本是常规的逐行排布；而当Anna通过走廊、小路时，文本会在单排中一直延续；Anna走过拐角时，文本会相应转向；Anna上下台阶时，文本会排布成台阶的样子相应上升或下降，就像手持设备的我们真实地走过这个过程一样。

这种形式并非《六号设备》首创，但在它这里得到了最完美的呈现。文字在游戏中构建了游戏的地图，清晰地呈现出角色的行动轨迹，让一款没有常规意义上图形画面的游戏获得了超越文字的图像质感。不止于此，游戏中的文本还有更多表现形式，如用旋转来表现旋梯，用反向来表现镜中画面，更有趣的是，用渐增的行间距或跳脱的字母表现主角的失神，用黑底反白来表现关灯，用红色画面来表示戴面具并借此解谜，诸如此类，更深化了文本的表意深度。

当然，如果仅仅是这样，它看起来仍然会像是一种形态独特的电子书而非游戏，但实际上《六号设备》远不止于此。这款游戏赢得了2014年独立游戏节卓越音效奖，表明它在音效上的设计超越了一般的真实、契合游戏之类的标准，独立游戏节给出的评语是“一种突破传统类型的引人入胜的视觉与听觉游戏体验”[①]。“突破传统”之处在于，伴随着文字滚动而触发的环境音效或人声带给玩家沉浸感，让玩家似乎化身为Anna进行探索，与此同时，文本阅读的方式又让玩家跳出沉浸感，以文学的形式和旁观的视角来审视角色的行动。

这里在一定程度上可以用布莱希特的戏剧理论“间离效果”（Verfremdungseffekt）进行解释。[②]恰切的音效和偶尔出现的环境影像带来的切实可感的沉浸体验和其他游戏并无二致，但当情节以文本而非影像呈现时，玩家并不会遗忘自己是在一款移动设备上“玩”游戏，会产生游戏中和游戏外的双重体验。如同布莱希特戏剧中“表演”行为具有独立意涵一样，“玩游戏”这个行为本身获得了玩家特别的关注——这正是《六号设备》的双关语：Anna是“六号设备”试验的第248号，而关卡间给玩家的问答题则清楚地表明玩家正是249号，玩家的移动设备就是“六号设备”。

---

① 2014 Independent Games Festival Winners［EB/OL］.［2015-03-23］. http://www.igf.com/2014winners.html.

② Distancing effect［EB/OL］.［2015-03-23］. https://en.wikipedia.org/wiki/Distancing_effect.

在游戏的结尾，Anna在一个设备上读到了我们在屏幕上读到的文字，再一次印证了游戏通过几个层次关系构建的主题：Anna通过阅读意识到自己是设备的受试者，并产生了对世界真实性的怀疑，而玩家通过阅读和对“用设备玩游戏”的关注同样产生了自己是受试者的怀疑。这恰如布莱希特试图通过间离和陌生化来让观众对熟知的事物产生全新的理解。

《六号设备》是Simogo这家2010年才成立的小型工作室的第五款作品，和众多主流视野之外的小型工作室一样，比起开发一些成熟圆润、试图取悦大多数玩家的游戏，他们更倾向于实验性的小众作品。尽管从商业角度上来讲几乎不可能有太大作为，但这些小型工作室在拓展游戏艺术边界上功不可没。从Simogo的履历表上看，他们正在走一条线索明确的沟通游戏与文学的探索之路。

今天作为行业主流的电影化叙事是对过去文本叙事的一种进化，但《教团：1886》（*The Order: 1886*）的矫枉过正也警示行业：电影化叙事不应超过游戏的极限。《六号设备》则代表了文本叙事演化的另一个截然相反的方向，即最大限度地剥离图像的作用，全部通过文本叙事来让游戏极尽趋向于文学形式。如果电影化是行业惯于贴在游戏上的一个标签，那么不妨称《六号设备》为文学化。

Simogo创始人和《六号设备》制作人Simon Flesser在官方博客上发布了一篇名为《〈六号设备〉参考与灵感完全指南》的文章，从中可以看出，一款看似简单的游戏背后有着大量文学、音乐、影视、游戏的灵感来源，贯穿于游戏设计的方方面面。[①]而关于游戏创意的起源，Simon Flesser在另一篇文章中作出了足以为行业打开思路、提供启发的说明：

“我认为游戏产业存在着一个很严重的问题：大量游戏创作者眼中只有其他游戏，或是只能从同类作品中取得灵感。……但这并不是我们有兴趣去创作的东西。……我们并不是要提出一个人人都需要‘接受’的观点，因为千篇一律总是非常无趣的。但通过那些不常被游戏视为灵感来源的事物获得灵感，能够让自己的作品更具亲和力，对于那些并不习惯于游戏这种形式的玩家而言尤其如此。与此同时，我认为这种做法也能够让玩家感到新鲜与惊奇。这便是双赢了！”[②]

① 轩辕.《六号设备》参考与灵感完全指南[EB/OL].（2014-05-01）[2014-08-07].http://www.chuapp.com/2014/05/01/28475.html.

② 张帆. 从技术到艺术——Simogo 工作室的进化之路[EB/OL].（2014-03-23）[2014-08-07].http://www.chuapp.com/2014/03/23/16643.html.

第五节 开拓者：变革与进化

一、《请出示文件》

《请出示文件》(*Papers, Please*)这一作品是如此重要，以至于我们不得不对其进行大段介绍。

图3-2 《请出示文件》标题界面

《请出示文件》的开发者Lucas Pope将这款独特的游戏定义为“反乌托邦文件惊悚游戏”（a dystopia document thriller)，一个涵盖了题材和风格的分类名称。[①]但在以动作、角色扮演、即时战略等玩法为主的游戏分类法中，我们却很难找到这款游戏的准确定位，倒不如说，“反乌托邦文件惊悚游戏”这个提法是Lucas Pope的一种带有些自嘲意味的幽默。

玩家在《请出示文件》中扮演一个虚构集权国家Arstotzka的海关边检员，任务是日复一日地检验入境人员的护照及其他文件是否符合规章，并根据谈话和其他检验手段来判断是否应准许其入境。然而边检员是一个国家中微不足道的一群人，

① PRANAY PARAB. Papers, Please: a dystopian document thriller that will challenge your morality[EB/OL].(2014-12-17)[2014-12-23], http://gadgets. ndtv.com/apps/reviews/papers-please-a-dystopian-document-thriller-that-will-challenge-your-morality-635982.

政策的变化每天都在左右着玩家的工作内容。检查要求日益复杂，而玩家需要在有限的时间里尽量多地对入境需求作出正确回应，赚取微薄的薪水来支付房租、采暖及一家四口的食物。

毫无疑问，就像游戏机械的动画效果和晦暗的色调所呈现的那样，这是一款令人感到压抑和沉重的游戏。一家四口的生存是时时悬在玩家头上的达摩克利斯之剑，而身为边检员，玩家则时常面临种种道德困境。一名证照齐全的丈夫嘱托你照顾身后的妻子，丈夫已经入境，妻子的证件却系伪造。放行，你会被警告；拒绝，她会被追杀，法理两难。一个陌生人给了你一笔数十倍于日工资的钱，让你做一些你明知可能会危害国家安全的事，而与此同时你的家人饥寒交迫，游走在生死边缘，公私两难。你偶然获得了可用于移民的伪造护照，可以举家迁往邻国避难，然而这恰恰违背自身工作原则，且与叛国无异，家国两难。身为集权体制中握有一定权力，同时在更大的权力之下寻求容身之所的个体，道德拷问几乎伴随着玩家在游戏中的每个选择，利己主义和功利主义可能是玩家最常想到的问题。

《请出示文件》提供了一切游戏可以提供给玩家的游戏要素：明确的目标、适度的挑战、阶段上升的难度、相应的成就感以及优秀的沉浸体验。

除了获2014年独立游戏节的塞尤玛斯·麦克纳利年度游戏奖外，《请出示文件》甚至还拿到了卓越叙事奖，尽管它不同于我们理解的大部分游戏的叙事方式。解谜、策略、模拟经营，几乎任何一种既有类型都无法准确概括《请出示文件》的特性，或者说，它的核心玩法几乎与之前任何一款类型化的游戏都不相同——除了Lucas Pope自己的另一款作品《共和国时报》（*The Republia Times*）。实际上，虚构国家Republia同时出现在了这两款游戏中，因此它们甚至可以被视为统一世界观下一脉相承的作品，一如一脉相承的反乌托邦内核。[①]

《共和国时报》诞生于《请出示文件》之前，前者比后者更加糙砺，游戏玩法和气质却极其相似。玩家的身份变成了时报主编，身为政治宣传的喉舌，同样需要为了家人的安全而甘为专制国家的鹰犬，只是少了些特别事件来随时进行道德拷问。

《请出示文件》诞生于Lucas Pope频繁往返于日本和美国的旅途中，创作来源于通关入境时接受证件检查时所产生的焦虑感。此后，他着手开发游戏，并于之后的一年间在TIGSource论坛发布了几十篇开发日志，详细记录了开发过

① The Republia Times［EB/OL］.［2015-01-03］. http: //dukope. com/play. php?g=trt.

程中的每一次大小改动及改动背后的思考历程。[①]这些开发日志对于每一个游戏开发者来说都具有极大的参考学习价值。Lucas Pope开发独立游戏前在顽皮狗任职并参与开发《神秘海域》系列前两部作品的经历让他拥有对游戏远深刻于其他人的理解。事实上，正是因为不满于留在顽皮狗继续为同一个成熟系列开发成熟续作，Lucas Pope才决定离职开发独立游戏，最终开创出一种新的游戏类型。

当我们分析Lucas Pope创作《请出示文件》的创意来源时，我们很容易发现它源自让人熟视无睹的生活本身。然而并非每一个看似庸常的生活细节都能转化为优秀的游戏成品。如果层层剥离游戏的包装，不难将其与简单的"找不同"游戏联系起来，但Lucas Pope的开发日志中详细记述了一个闪光的念头需要经历多少建设和取舍才能形成一种与众不同的类型。

在游戏开发的初期阶段，Lucas Pope专注于设计证件的各种潜在伪造之处，并设计了一些相关验证系统，比如逐一点选手指尖查验指纹的系统，在玩家指出这与20世纪80年代的科技水平或文化氛围不符时，他将它改良得更为简便直观。在明确了基本玩法之后，一系列强化游戏气氛的修补随之而来，包括如今快感强烈的敲章效果，东欧风格的粗糙英语，入境者出现时的淡入效果，逐一交还文件的设计，甚至是片头logo出现在背景音乐的第三个音节上的设计，全部来自一年间的不断优化。

我们没有必要纠结于"反乌托邦文件惊悚游戏"这个分类名称是否准确，因为《请出示文件》如此独特，以至于几乎不可能抽取游戏的核心玩法并将其类型化。然而无论我们是否接受这个戏谑的分类名称，《请出示文件》都切实地影响了之后的开发者，你可以从《小贩人生》(*Cart Life*)中看到它黑色幽默的影子，更能从《西港独立社》(*Westport Independent*)[②]中看到极为相似的内核。更重要的是，《请出示文件》带给了独立游戏开发者甚至是商业游戏开发商一个重要的启示：类型化远非游戏业的唯一未来，开发者仍应有勇气开创新的游戏形态。

---

① 灯塔实验室.《请出示文件》(Papers, Please)开发者日志编译[EB/OL].(2015-01-09)[2015-03-26]. http: //www. chuapp. com/2015/01/09/115113. html.

② PRUSSIANBLUE. 今天过把审查瘾，模拟审查游戏《西港独立社》前瞻[EB/OL].(2014-09-03)[2014-10-25]. http: //www. chuapp. com/2014/09/ 03/75351. html.

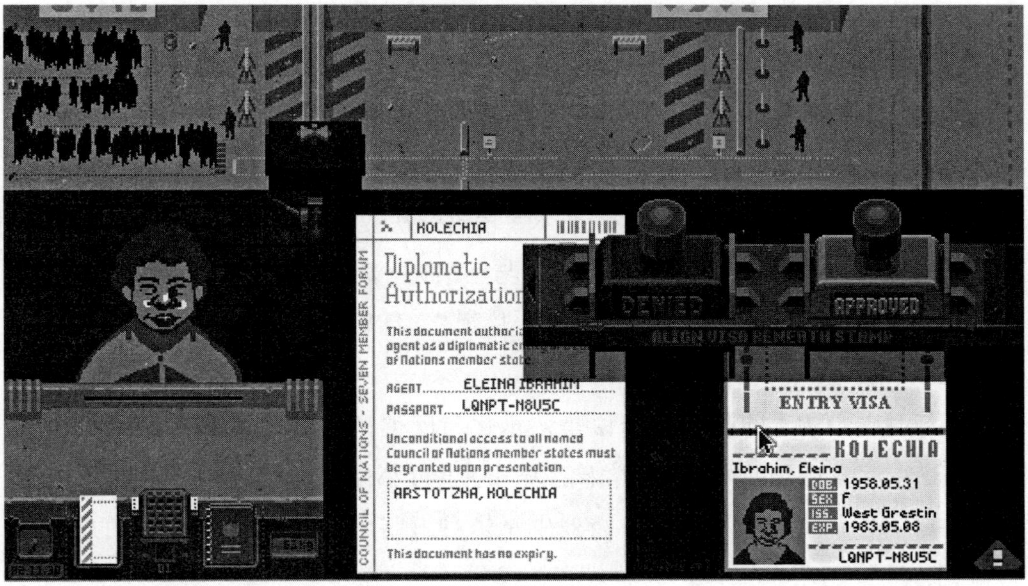

图3-3　《请出示文件》游戏界面

二、《汪达与巨像》

在对《汪达与巨像》(*Shadow of the Colossus*)进行分类的时候,几乎不会有人对它是一款动作类游戏的结论持有异议,然而我们无法不注意到,它和我们所熟知的几乎所有动作类游戏都不一样。游戏业最特立独行又散发着人文关怀的艺术家上田文人,用这样一款游戏挑战了动作游戏保持了二三十年的固定规则。

在《汪达与巨像》之前,电子游戏,尤其是动作或动作冒险类游戏,始终秉持着某种不成文的关卡设计习惯,即玩家要在一段漫长的小怪战斗之后进入一场精心设计的大魄力Boss战,而后进入下一个场景循环这个流程结构。这种设计方式至少从《超级马里奥兄弟》起便已确定下来,日式动作游戏《鬼泣》系列、《忍者龙剑传》系列不外如是。

然而在上田文人看来,只要Boss战足够精彩,小怪战就是不必要的,他用《汪达与巨像》践行了这一理念。

在游戏故事发生的这片禁忌的大陆上,没有常见的野外生物供主角汪达收集资源和战斗经验,16个宏大壮观的巨像是游戏提供的全部战斗。[①]对于没有小怪物战作为调剂的动作游戏来说,Boss战差异化的重要性被摆在前所未有的位置上,

---

① Shadow of the Colossus [EB/OL]. [2018-01-09]. https: //en. wikipedia. org/wiki/Shadow_of_the_Colossus.

游戏中两足、四足或多足的巨像，或陆生或飞行或需水下击破，且弱点和攻击节奏各异的设计毫无疑问满足了这种需求。

作为一款文字量极低的动作游戏，游戏真正做到了通过气势雄浑又方式各异的巨像战为叙事营造氛围，前承上田文人在《古堡迷踪》中坚持的情感体验，且为情绪——而非文字——引导叙事的艺术手段再一次提供了范本。

就像汪达孤身挑战巨像一样，《汪达与巨像》这款作品本身也是对动作游戏类型化的挑战，这种挑战获得了评论界的一片赞誉，且赢得了包括GDC年度游戏奖在内的几十个奖项。

《汪达与巨像》的胜利毋宁说是艺术化与反类型化的双重胜利，然而另一方面，游戏在反类型化的同时，同样未能避开去掉了小怪战之后流程过短的弊端，此后也并未有任何有影响力的动作游戏继承这种思路。但是从整个游戏史的进程进行审视，《汪达与巨像》依然为游戏行业提供了一种游走和平衡于类型与反类型之间的有益思路，尤其是这种做减法的思路，甚至在多年以后舍掉了整个战斗系统的独立角色扮演游戏《去月球》（*To the Moon*）中，仍能看到游戏人在反类型化上的躁动之心。

三、《进化大陆》

如果说Lucas Pope创作《共和国时报》和《请出示文件》算是类型的“开创”，上田文人创作《旺达与巨像》是对类型的“革新”，那么切实摆在Nicolas Cannasse面前的主题则是“进化”——在2012年8月的Ludum Dare上，他需要在48小时内基于这个主题开发一款完整的游戏。

和GameJam一样，Ludum Dare是一个限时游戏开发大赛，一年举办三次，由主办方提出一个主题，参赛者在48小时内创作并完成一个完整的电子游戏或桌面游戏作品。从2002年5月至今，Ludum Dare参赛者不乏一些大牌游戏开发者，包括创作了《我的世界》（*Minecraft*）的Markus “Notch” Persson，Lucas Pope也曾参与其中。2002年8月的Ludum Dare 24，主题为“进化”（Evolution），主办方收到了1，406份参赛作品，他们最终将优胜奖颁发给了法国人Nicolas Cannasse和他的《进化大陆》（*Evoland*）。

这是Nicolas Cannasse第三次参加Ludum Dare，用了大约30个小时完成了《进化大陆》，并称这是第一次感到游刃有余。然而在此之前，Nicolas Cannasse并非像

Lucas Pope或上田文人那样经验丰富或声名远播的游戏制作人，而是开源多平台程序语言Haxe的开发者，《进化大陆》可以说是他的练手之作，但随后他与曾任职于NCSOFT的Sebastien Vidal共同成立了Shiro Games。

《进化大陆》作为一款游戏，少见地使用了游戏本体——或者更为准确地说，是角色扮演游戏史——作为题材。从游戏诞生之初，画面、声音、玩法都经历了漫长的进化，正如在《进化大陆》的初始，玩家控制的主角在2D黑白的横条画面中只能向右移动，且没有画面卷动，直到玩家打开了面前的第一个宝箱。

宝箱是传统日式角色扮演游戏中的标志性元素，在《进化大陆》中，它被赋予了承载着"游戏进化元素"的意义。当主角渐次打开宝箱时，他获得的不是武器和装备，而是从低分辨率的黑白2D画面逐渐到平滑的全彩3D画面的进化，是从8比特音效逐渐到高保真音乐的进化，是从无血量战斗到回合制战斗再到即时制战斗的进化，是从无剧情到有剧情的进化。

就本质而言，《进化大陆》呈现的形态仍然是一款角色扮演游戏，但它不属于任何一个特定的历史时代，而是将横井军平发明十字键[①]，伊藤裕之创造ATB系统（Active Time Battle，真实时间战斗系统）[②]等游戏历史轴线的大事件置于游戏的时间轴线之中，构建起同时身为游戏史中的单一游戏与身为游戏史的呈现者的互文关系。

Nicolas Cannasse个人是日本角色扮演游戏爱好者，在《进化大陆》中他毫不避讳地致敬了日本游戏史上的诸多经典之作。早期的草地地图和地牢以及红心代表生命值的设计都与《塞尔达传说》（ゼルダの伝説）系列高度相似；中期伪3D的大地图和2D背景3D人物的城镇地图分别来自《最终幻想6》（*Final Fantasy Ⅵ*）和《最终幻想7》（*Final Fantasy Ⅶ*）；男主角的名字Clink糅合了Link和Cloud，而女主角Kaeris和最终反派Zephyros的名字则分别化用自Aeris和Sephiroth；游戏中的大部分战斗和对话UI则是对《最终幻想》蓝色对话框和手型指针的彻底致敬。

不只是日本游戏，游戏后期的一个洞窟中完全采用了即时制动作的战斗方式，在场景色彩、生命球和传送门的设计、大量掉落的金钱和装备、复杂的装备栏等诸多方面，都明显在致敬《暗黑破坏神》（*Diablo*）系列，即使其中还有调侃和反讽的

① D-pad [EB/OL]. [2015-01-05]. https: //en. wikipedia. org/wiki/D-pad.

② Turns, rounds and time-keeping systems in games [EB/OL]. [2015-01-05]. https: //en. wikipedia. org/wiki/Turns,_rounds_and_time-keeping_systems_in_games#Active_Time_Battle.

意味。[①]如果结合20世纪90年代后世界游戏开发重心逐渐从日本向欧美转移的大背景来看，这些致敬更加深刻反映了游戏史的变迁。

在推出《进化大陆》两年后，Shiro Games公布了新作《进化大陆2》，游戏的预告片显示他们已不满足于通过游戏还原角色扮演游戏史，还要呈现更多类型游戏的历史。新作中增加了竖版飞行射击、格斗、清版动作、平台动作、解谜甚至消除等玩法，并通过时间错乱的剧情来为对游戏史的还原提供合理的解释。[②]然而考虑到多种游戏类型未必有前后相继的进化关系，这种杂糅的做法反而可能会破坏"进化"这一基本创意。

和《请出示文件》一样，《进化大陆》的创意过于特殊，虽然极其精彩，却并不具有太多可复制性，但它提供了两种有价值的视角：第一是题材与艺术形式间的辩证关系，游戏及其历史——或其他围绕游戏的文化概念——同样可以作为游戏的题材；第二是共时性与历时性的关系，作为特定历史节点中出现的游戏作品也可以在游戏内的时间轴线中呈现出游戏历史的时间轴线。

■ 思考题：

1. 你认为《风之旅人》在设计方面最大的特色是什么？
2. 《请出示文件》获得了独立游戏节的多项大奖，请谈谈你的看法。

---

① WINDLEAVEZ.《进化之地》(Evoland)致敬了哪些游戏？[EB/OL].(2015-03-15)[2015-06-28]. http://www.zhihu.com/question/28477515/answer/41011608.

② 书上. 能玩的游戏史《进化大陆》发续作预告片，加入"时间旅行"元素[EB/OL].(2015-05-15)[2015-06-28]. http://www.chuapp.com/2015/05/15/159127.html.

第四章　游戏创意方法

■ **本章要点：**

1. 头脑风暴法
2. 创意方法实践

与广告、营销等活动类似，游戏可以借助一些特殊的方法产生创意。例如头脑风暴法、综摄法、等价变换法、检核表法等。这些方法大多从创造发明的实践中总结而来，面世后广泛流传，并在普及的过程中不断完善，具有较高的实用价值。

游戏创意方法能够为设计师提供较为规范的流程，通过营造氛围、鼓励创造或提示线索，为一些无法依赖旧有经验解决的问题，提供创造性的思维模式，以期获得具有突破性、独创性、飞跃性的设想。

大量事实表明，创意方法一定程度上揭开了创造的神秘面纱，使创造不再是少数人高深莫测的神秘能力，只要方法得当，每个普通人都能进行创造和创新。不过，也有一些学者对于通过方法训练来提高创意能力持怀疑态度。他们认为，游戏创意充满偶然性，具有明显的非逻辑特征，因而刻意的、具有计划性和操作性的所谓“创意方法”实际上并不存在。

鉴于大部分人都赞同创意方法的学习对于提高游戏创意能力有所裨益，因此，本章将重点介绍几种常见的创意方法。

第一节 头脑风暴法

一、头脑风暴法的由来

头脑风暴法（Brainstorming）又称脑力激荡法、智力激励法、BS法、自由思考法，是由美国创造学家奥斯本于1939年首次提出①、1942年正式发表的一种创意方法。由于实施简单、效果显著，该方法问世以来迅速普及，被广泛应用于技术革新、管理创新、社会问题处理、预测和规划等领域。

头脑风暴法以集体智慧、发散思维、鼓励创新为核心理念，目的在于使个体在面对具体问题时，能够从自我和他人的批评中解放出来，从而产生尽可能多的想法。

该方法诞生不到百年，但其基本雏形却早已有之。

在古希腊时期，思想家苏格拉底很早就认识到了集体对话的作用。他经常通过集体思考来获得个人难以接近的思想认识。他所遵循的对话原则是“自由阐述”“不争论”“不打断”和“仔细倾听”。这可以被看作头脑风暴法的雏形。

爱因斯坦在学术讨论中也采取了类似的方式。他与同事一直坚持在自由的聚会和谈话中交流关于现代物理学的各种想法。他们在讨论时没有改变别人观念的意图，也没有激烈的争论，每个人自由地提出脑中想到的东西，而且注意倾听他人的观点。这种讨论一定程度上辅助了物理学的理论突破。

爱尔兰剧作家萧伯纳有一句广为流传的名言：“倘若你有一个苹果，我也有一个苹果，而我们彼此交换，那么你和我仍然都只有一个苹果；但是，倘若你有一种思想，我也有一种思想，而我们彼此交流，我们每个人将各有两种思想。”这与头脑风暴法的理念如出一辙。

与前人的交流方法相比，奥斯本的头脑风暴法更加规范化、流程化和仪式化，因而更易总结为普遍规则，更易于推广。

头脑风暴法起源于美国的广告业。

1919年，奥斯本还是一个穷困潦倒的青年记者，他捧着自己的一篇文章到一家公司应聘。由于写作笔法青涩、技巧生疏，各部门经理传阅文章后大都摇头，没有

---

① 王国平．不同变式的头脑风暴法对大学生创造性思维结果影响的实验研究［D］．苏州：苏州大学，2006: 5.

人愿意聘用他。但公司老板却慧眼识珠，出人意料地决定试用奥斯本，因为他从字里行间中看到了作者的创意火花。试用期内，奥斯本几乎每天都会提出一项革新建议，而且不少建议都在公司发展中发挥了重大作用。

1938年，事业成功的奥斯本协同创立了纽约BBDO广告公司。他在工作中发现，群体互动比个人单独工作能产生更多观点。经过提炼总结，他于1939年提出了一种激发创造性思维的方法，鼓励员工大胆创新。该方法在公司内部试行后获得了意想不到的成功，这就是著名的头脑风暴法。

头脑风暴法针对某一主题展开讨论，注重创造自由愉快、畅所欲言的气氛，鼓励所有参加者自由提出想法，并以此相互启发、相互激励、引起联想、产生共振和连锁反应，从而诱发更多的创意及灵感。

实践表明，头脑风暴法可以排除折中方案，对所讨论问题通过客观、连续的分析，找到一组切实可行的方案，因而在各类决策中均可得到广泛的应用，甚至包括军事计划的制定。如美国国防部在制定科技发展规划时，曾邀请了50名专家采取头脑风暴法进行会议，主要目的是对早先提出的长远规划进行修改。通过两周的讨论，会议得到一个极具颠覆性却被广泛认可的新报告，而原规划中只有25%~30%的意见得到了保留。

可见，从军事议题的讨论到个人琐碎事的解决，从尖端科技的创新到日常疑难的排除，从工业产品的改良到游戏娱乐的创意，头脑风暴法均能发挥有效的辅助作用。

1942年，奥斯本出版了《思考的方法》（*How To Think Up*）一书[①]，正式将头脑风暴法公之于众。该方法奠定了创新学的基础，奥斯本也由此被奉为创新学之父。

二、头脑风暴法的四大原则

一般来说，头脑风暴法有四大基本原则：自由想象、禁止批判、以量求质、鼓励借鉴。

① 书名亦有译作《思维的方法》。

（一）自由想象

即鼓励与会者尽可能解放思想，无拘无束地思考问题，自由想象，畅所欲言；允许与会者发表异想天开的意见，不必顾虑自己的想法是否离经叛道或荒唐可笑；提出的观念愈奇愈好，设想看起来越荒唐就越有价值。这一原则有利于大量想法的涌现，而不是局限于问题表面，或者被旧有观念束缚。

（二）禁止批判

讨论中避免一切批判性的意见，所有评价和筛选都要在会后进行。这就是说，所有与会者（包括主持者和发言人）都不能对别人提出来的设想进行批评、讽刺或挖苦，禁止出现负面的非语言表达，如带有反感、厌恶等意味的手势、表情等，同时也不允许自我否定。

这一原则是为了营造宽松、友好的氛围，不让参会者感到任何压力。因为每个人的思维模式、价值观和个性都不相同，要想让与会者突破思考的局限，发掘潜在的创造性，就不能进行任何批评。否则，讨论者可能人云亦云，附和众议，不再提出创见。

（三）以量求质

即要求与会者提出大量的设想，不必顾虑构思内容的好坏。参与者提供的设想越多，越可能找到解决问题的途径。

头脑风暴法的一个技巧就是，通过大量的设想来保证质量较高的设想的存在，做到以量取胜。

（四）鼓励借鉴

想法可以“搭便车”，见解“无专利”，鼓励“盗用”别人的构思。

会议中，除了与会者本人提出的设想之外，还要鼓励与会人员对别人的构思提出改进建议；或者借题发挥，根据别人的构思联想到另一个构思，利用一个灵感引发另外一个灵感；或者将几个设想综合在一起，然后提出一个新设想。头脑风暴理论认为，人们的每个概念都源于其他概念，而最佳方案往往也是前人方案的改良版。

在这四条原则下开展的头脑风暴，就如同一场创意的狂风暴雨，大家沉浸在灵感和观念的碰撞中，任凭新思想自由驰骋，会议结束后往往能产生一个或多个优秀方案。对此，奥斯本说：“（在创新过程中，）与其提出一个全新的设想，不如从众多狂野的想法中驯化一个来得容易些。”

总结起来，头脑风暴法要求：一是只专心提出构想而不加以评价；二是不局限思考的范围，鼓励天马行空，点子多多益善。

三、头脑风暴法的流程

（一）人员设置

2至10名参会人员，其中记录员1名，主持人1名（记录员和主持人可一人兼任）。

（二）道具设置

纸笔（或其他记录工具），可公示的记录方式，如白板、投影等更佳。

（三）座位设置

以所有参会者能看到彼此为宜（如半圆、凹字形布局）。

（四）基本流程

分为准备、头脑风暴及评价选择三个阶段。

准备阶段:学习头脑风暴法的细节（如基本原理、四大原则等）；选定讨论的议题；选定参加者、记录员、主持人；确定会议时间和场所；准备好记录工具；布置场所。

头脑风暴阶段:主持人介绍头脑风暴的纪律（四大原则）；如组员感到困惑，可进行简单练习（此部分选做）；主持人介绍会议主题和目的，宣布开始；主持人引导、鼓励组员提出各种构思；记录员记录所有构思；重复后两个过程，直到所有组员都无法再提出构思时，会议结束（会议时长以不超过1小时为宜）。

评价选择阶段：将会议记录整理分类，然后展示；以鉴别的眼光讨论所有列出的构思；从效果和可行性等方面综合评价构思；不同组别交叉评价构思；选择最合适的构思，尽可能采用会议中激发出来的构思。

在实际操作中，头脑风暴的形式可随机应变、灵活处理，一切以鼓励新构想为主要目的。

四、头脑风暴法的要点

（一）主题选择

1.主题必须合乎参与者的能力层次，以参与者一直期待解决的问题为佳。组织者也可以事先公开主题，但要考虑清楚与会者是否关心主题，是否会围绕主题尽力去思考。

2.主题必须单一、明确，避免模棱两可、似是而非。

3.大而宏观的主题必须分解、细化，从接近参与者关心的主题开始，逐一进行。

4.会议开始后，主持人应仔细阐述主题，以便参与者理解。

（二）主持人技巧

1.主持人会前要向与会者重申会议应严守的原则和纪律，要善于激发成员思考，使场面轻松活跃。在气氛热烈时，可能会出现一些违背四大原则的现象，如嘲笑他人意见、公开评论他人意见等，此时主持人应立即予以制止。

2.可轮流发言，每轮每人简明扼要地说出一个创意设想，避免形成辩论或发言不均。

3.以赏识和激励的语气或者微笑点头的行为鼓励与会者多提出设想，如“对，就是这样！”“太棒了！”“好主意！这一点对开阔思路很有好处！”等。

4.禁止使用“这点别人已说过了！”“实际情况会怎样呢？”“请解释一下你的意思。”“我不赞赏那种观点。”等话语。

5.经常强调设想的数量，比如平均3分钟内要发表10个设想。

6.当头脑风暴进入瓶颈，可组织参与者以散步、唱歌等方式放松，休息完毕再继续进行头脑风暴。

7.根据主题和实际情况需要，引导大家掀起一次又一次头脑风暴的“激波”。如主题是某独立游戏的开发，可以把游戏的艺术风格定位作为第一激波，把游戏的主要玩法作为第二激波，把游戏的故事背景构思作为第三激波等。又如，讨论游戏技术问题的解决方案时，可以引导大家掀起“模拟开发”的激波，及时抓住“拐点”，适时引导进入“模拟论证”的激波。

8.掌握好时间，会议持续15至60分钟，形成的设想应不少于50种。不过，最好的设想往往是会议要结束时提出的，因此，预定结束的时间快到时，可以根据情况再延长5分钟。如果在1分钟时间里再没有新主意、新观点出现，可宣布头脑风暴会议结束。

9.营造自由开放、轻松有趣、相互激励的氛围，鼓励借鉴参考，尽量相互激发产生灵感。

（三）记录员须知

1.记录员应依照发言顺序标号记录构想。

2.在发言内容含糊不清时，应向发言者确认。

3.发言内容过长时，记录要点即可。

4.字迹要清晰，确保每位参与者都能看清，记录版面应简洁整齐。

5.会议结束后对记录进行分类整理，加以完善，然后大家共同讨论、筛选，或者交与其他人（如专家组）进行筛选。

（四）筛选要点

1.筛选创意时，可进行分类处理。例如分为可以立即实施的构思、暂缓执行和继续研究的构思、缺少实用性的构思等。

2.主要从可行性、迫切性、实际效果、外部评价等多个角度综合考虑，通盘优化，选择最优方案。

头脑风暴法几乎可以针对任意游戏课题进行构思。从游戏初创的设计定位到开发过程中的技术困难，从市场推广的方案选择到游戏运营的活动组织，头脑风暴都能发挥重要作用。

游戏设计是一个团队工作，我们要充分利用集体的力量，相信每个开发者都具有独一无二的思维，每个人都有能力进行无数独特的联想。在集体的智慧下，头脑风暴法可以有效地开阔游戏设计思路，提高策划效率，优化设计成果。

不过，头脑风暴法产生的构想大部分都只是较为简单的框架或提示，很少可以直接用来解决具体问题。因此，进一步的整理、完善和细化工作十分重要。在后续的完善中，我们可以继续使用头脑风暴法，多次迭代，直到最后取得成功。

五、头脑风暴法的其他形式

头脑风暴法自提出以来，一直作为一种主要的创意方法被广泛地采用。在游戏设计界，各大公司和独立团队也多采用该方法。

奥斯本认为，通过使用头脑风暴法，个人在团体中所产生的设想是单独工作时的两倍。已有的一些实验也认为头脑风暴法是一种很有效的、促进创造力发挥的方法。但是，一些心理学家对头脑风暴法的有效性提出了质疑。如Taylor，Berry 和Block在1958年进行的研究发现，在一些情况下，多人互动并不比单人思考更能激发灵感。

因此，若干种不同类型的头脑风暴法被陆续提出，其中大多是原有方法的改良版，比较著名的有德尔菲法、名义群体法、“635”法、电子头脑风暴法等。

（一）德尔菲法

德尔菲法（Delphi Method）又名专家意见法或专家函询调查法，由美国军事战略研究机构兰德公司（RAND Corporation）的Olaf Helmer、Norman Dalkey和Nicholas Rescher等人于20世纪50年代共同提出，是一种综合多名专家经验与主观判断的方法。①

德尔菲法克服了传统头脑风暴法的一些缺点，如易受表达能力和心理因素的影响，不利于充分发表意见等。在德尔菲法中，参与者采用匿名方式发表意见，彼此之间不互相讨论，不横向联系，只能与调查人员发生关系，以反复填写问卷，集结问卷共识来进行团队沟通。

德尔菲法的参会人数视课题大小而定，一般问题可以容纳20人左右。组织者通过调查员与参会者建立联系，联系方式以函询（书面征询）为主。通过函询，调查员收集参会者意见，对反馈意见进行数据统计和整理后，再次匿名反馈给各位参会者；然后，继续征询收集意见，再次统计。这样反复三至五轮后，参会者意见逐步趋向一致，最后统一为一个意见。

德尔菲法有匿名性、迭代式、统计法三个特点，可以应对复杂任务和综合性难题，并可为决策者提供多方案选择的可能性。但是在决策的过程中，该方法耗时长、效率低，不适合短、平、快的小型游戏创意项目。

不过，如果游戏项目需要聚集多个地点的组员在不同时间合作，例如多国游戏设计师共同参与一个项目，该方法则有其独到的优势。而且，借助电子邮件等通讯方式，该方法的周期会进一步缩短。

---

① 徐蔼婷. 德尔菲法的应用及其难点［J］. 中国统计，2006 (9)：57-59.

（二）名义群体法

名义群体法又称NGT法（Nominal Group Technique），由Andre L.Delbecq 和 Andrew H.Van de Ven 所创立[①]，也被称作名义团体技术、名义小组法。

该方法在创意产生过程中限制讨论，因此叫“名义群体”而非实际群体。像参加传统会议一样，参会者必须出席，但他们要独立思考问题。名义群体法遵循以下步骤：

第一步，参会者集合成一个群体，在进行任何讨论之前，每个参会者独立地写下对问题的看法。经过一段沉默后，每个参会者将自己的想法提交给群体，然后一个接一个地向大家说明自己的想法，直到每个人的想法都表述完毕并被记录下来（通常记在小黑板或活动挂图上），在所有的想法都被记录下来之前不进行讨论。

第二步，群体开始讨论，以便把每个想法搞清楚，并作出评价。

第三步，每一个参会者独立地把各种想法排出次序，最终决策是综合排序最高的想法。

名义群体法的主要优点是允许参会者正式地聚在一起，又不像一般会议那样限制个体的思维，适合需要独立思维的情境。

在游戏的创意会议中，经常出现设计者的早期概念彼此重叠，但有细微差别的情形。如果这些概念独立发展，将有可能成为完全不同的方案。但是，在传统的头脑风暴中，与会者往往会被他人的想法影响，过早地放弃独立思考。而名义群体法避免了这一情况的出现，因此具有一定的参考价值。

（三）“635”法

“635”法又称默写式智力激励法或默写式头脑风暴法，由德国人Bernd Rohrbach于1968年首次发表于《德国销售》（*German Sales Magazine*）杂志。

该方法是对头脑风暴法的直接改良，与头脑风暴法的原则相同，但不同点是不作发言，只把设想记在卡上，因此也叫作Brainwriting。这就克服了原有方法多人争着发言，易使点子遗漏的缺点，并更加符合惯于沉思的人群的性格。

该方法会议每次有6人参加，坐成一圈，要求每人5分钟内在各自的卡片上写出3个设想（故名“635”法），然后由左向右传递给相邻的人。每个人接到卡片后，在第

---

① 周蔚. 名义群体法在社会工作实践教学中的应用［J］. 社会工作，2011 (5)：8-10.

二个5分钟再写3个设想，然后再传递出去。如此传递6次，半小时即可进行完毕，可产生108个设想。

具体流程如下：

与会的6个人围绕环形会议桌坐好，每人面前放有一张画有6个大格、18个小格（每一大格内有3个小格）的纸。

主持人公布会议主题后，要求与会者对主题进行表述。

表述结束后，开始计时，要求在第一个5分钟内，每人在自己面前的纸上的第一个大格内写出3个设想，设想的表述尽量简明，每一个设想写在一个小格内。

第一个5分钟结束后，每人把自己面前的纸顺时针（或逆时针）传递给左侧（或右侧）的与会者，在紧接的第二个5分钟内，每人再在下一个大方格内写出自己的3个设想，新提出的3个设想最好是受纸上已有的设想所激发而产生的，且又不同于纸上的或自己已提出的设想。

按上述方法进行至第六个5分钟，共用时30分钟，每张纸上写满了18个设想，6张纸共108个设想。

最后，整理分类归纳这108个设想，找出可行的方案。

"635"法与名义群体法理论接近，但更加规范，在游戏创作实践中也有较好的效果。不过，该法对人数有苛刻的限制，如果游戏创意团队的人数不足6人，则需要对此流程进行调整。

（四）电子头脑风暴法

电子头脑风暴法又称EBS法（Electronic Brainstorming），是采用网络技术和计算机平台进行的头脑风暴。

这一方法要求场地具备网络连接和数字化终端，参会者从数字终端输入构想，而这一构想将实时显示在其他参会者的屏幕上。

电子头脑风暴法具有匿名性，参会者通过观看屏幕获取他人观点，可以多人同时进行发言，大大提高了效率。而且计算机能够自动对参会者的输入进行记录，使参会者的观点随时备查，这样也避免了记录员的信息超载和记忆障碍等问题。

研究表明，电子头脑风暴法比传统头脑风暴法更能大量产生观点，而且，电子头脑风暴小组所产生的观点数量，会随着讨论小组规模的增大而增加，这一优势是传统头脑风暴法所不具备的。

电子头脑风暴法省去了记录员的体力劳动，而且兼具头脑风暴法、名义群体法、德尔菲法的优点。不过，由于该方法对设备有一定要求，最初问世时难以普及。

随着移动智能终端的发展，智能设备已走入每个人的生活，平板电脑、智能手机等都可作为电子头脑风暴的平台。游戏开发者作为IT行业的一员，更是人手一机。因此，电子头脑风暴法的门槛已逐渐降低，加之适合异地合作、简便易行的特点，这一方法势必成为未来游戏创意的新趋势。

综上，各种游戏创意方法都各有特色，优缺点不一，我们在实施时可根据实际情况进行选择。

表4-1就各种方法产生的创意数量、创意质量、社会压力、决策速度等指标进行了简单的对比。

表4-1　各种创意方法的比较

	普通会议	头脑风暴法	德尔菲法	名义群体法	电子头脑风暴法
创意数量	低	中	高	高	高
创意质量	低	中	高	高	高
社会压力	高	低	低	中	低
决策速度	中	中	低	中	高
任务导向	低	高	高	高	高
成就感	从高到低	高	中	高	高
对决策结果的承诺	高	不适用	低	中	中
群体凝聚力	高	高	低	中	低
财务成本	低	低	高	低	高
潜在的人际冲突	高	低	低	中	低

第二节　递进创意法

人类区别于其他动物的一大特征是具有创新能力。从儿童时代开始，我们的大脑便渴望创新、欣赏创新。那么，创新必须是从零开始创造一个全新的事物吗？

答案是否定的。大到航天飞机，小到电子手表，人类的每一项发明实际上都是对前人成果的递进式改良。

在游戏设计领域，创意的递进屡见不鲜。例如《英雄联盟》（*League of Legends*）的创意源自“DotA”（*Defense of the Ancients*），而“DotA”则是《魔兽争霸Ⅲ》（*Warcraft Ⅲ*）的一个MOD（修改模组），《魔兽争霸》（*Warcraft*）源自《沙丘魔堡》（*Dune*），而《沙丘魔堡》则借鉴了更久远的《文明》（*Civilization*）……

可见，优秀的游戏大都是逐步完善、渐进发展的结果。我们需要学会在已有的基础上，构建新的体系，提出更完善的创意。

递进创意法包括了一大类创意方法，其核心特征是借助已有的成果进行发展，从有到优，而不是从无到有。常见的方法包括借鉴法、综摄法、组合法、等价变换法等。

一、借鉴法

借鉴法是从已有的案例中，直接吸取其成功的因子为己所用的创意方法。

该方法要求设计者首先大量调研前人的成果，从已有的成果中寻找好的点子与灵感，再加以优化和完善。可大致分为三个阶段：首先，对前人成果进行广泛调研、仔细分析；其次，从中找出可贵的某些特征；最后，将此特性运用于自己研究的项目之中。

“他山之石，可以攻玉”，借鉴的前提是首先要有“他山之石”，也就是可借鉴的对象。因此，该方法最关键的环节是资料收集和调研，只有在资料丰富、调研充分的前提下，借鉴法才会事半功倍。

对于游戏设计师来说，最重要的信息收集永远来自第一手的游玩经验，只有以玩家的身份和视角亲自体验过一款游戏，才能从感性上真正理解它带给玩家的感受进而理解设计的优劣。个人的游戏阅历积累，是任何文字介绍、截图、预告片甚至通关视频等二手资料都无法替代的，这也是国内的游戏设计师常常忽略的一个问题。

当然，个人精力是有限的，对二手资料的收集也是不可或缺的。一般来说，搜集成果的渠道与成果类型紧密相关，对象类别不同，其所需的搜集渠道也不尽相同。游戏资料的主要搜集渠道有：（1）游戏媒体，如网络媒体IGN、Polygon、Game Informer,或平面杂志《PC Gamer》《Edge》等；（2）游戏在线商店，如Steam、App Store、PlayStation Store等；（3）游戏行业展会，如E3展、东京电玩展、科隆国际游戏展、游戏开发者大会、独立游戏节等；（4）个人在生活中可以接触到的行业机会和人脉等。

一般情况下，搜集游戏可从先从容易找到的材料着手，再根据研究的需要，陆续寻找那些分散在各处、不易得到的游戏资料。

积累游戏资料是一个较为漫长的过程，为了使整个过程进行得更有效，可以根据实际情况分为若干阶段进行整理。每一阶段，把手头积累的游戏做一些初步的整理，分门别类以提高下一阶段搜集游戏的指向性和效率。此外，还可以使用搜索引擎，在关键搜索词中快速查找，迅速获取所需要的资料。

积累游戏不只是在有了具体的设计任务以后才需要做，更重要的是在平时经常注意积累和搜集各种游戏资料，养成习惯，持之以恒。在生活中，要拥有一双善于发现的眼睛，时刻准备学习和进步。

借鉴法强调日常生活的默默积累，也需要关键时刻的主动发现。例如，当我们在玩一个游戏的过程中，有时看到一个闪光点让玩家眼前一亮，而且是其他游戏所不具有的，就要留意分析，思考这个闪光点与自己的游戏如何结合；当我们看到一个游戏的风格让人有所感触而且不流于庸俗，就要记在心中，思考这个风格如何能够进一步发展。这些都是创作的基本功。

由于借鉴创意法简单易行、便捷有效，因而经常被设计者采用。

需要指出的是，借鉴与抄袭并不是一个概念。二者虽然只有一步之遥，但性质完全不同。借鉴是对他人的闪光点进行学习与吸收，而不是简单的“拿来主义”。单纯地模仿、不假思索地借鉴，就会沦为抄袭。

我国著名绘画大师齐白石有两句名言：一是“学我者生，似我者死”；二是“作画妙在似与不似之间”。这一观点既承认了模仿借鉴的重要性，又否认了单纯的模仿。模仿永远成为不了经典，做不了大师。借鉴一定是建立在充分理解他人成果的基础之上的学习，而不是“依葫芦画瓢”地有样学样。

一般来说，大部分人用来借鉴的对象都是成功案例，但这并不意味着我们要忽略那些看起来失败的设计。优秀的设计师会广泛搜寻，善于在失败案例中发现亮点，找到其特色并加以完善。

借鉴创意与山寨模仿区别的关键点在于设计师的个人修养。如果设计者具备必要的知识储备，那么，当他看到前人的优秀创意和先进思想时，就不会停留在初级的欣赏层面，而是能够举一反三，触类旁通，能够在他人的基础上进行二次创作。这样一来，他的成果就不再是“山寨品”，也不是人云亦云、不知就里的仿制品，而是结合了个人的文化底蕴和历史背景，带着独立思考，蕴藏个人特质，具有独特风格的新作品。

综上，借鉴创意法要对前人的成果进行总结和完善，要在前人的基础之上达到更高的高度，虽然有所借鉴，但要精益求精，做到“青，取之于蓝而青于蓝；冰，水为之而寒于水”。

二、综摄法

综摄法（Synectics Method）也叫类比思考法、类比创新法、提喻法、比拟法、分合法、举隅法、集思法、群辨法、强行结合法、科学创造法等。

该方法由美国麻省理工学院教授William Gordon于1944年提出，是一种递进式的创意方法。该方法以外部事物或已有的发明成果为媒介，将它们分成若干要素，并对其中的要素进行讨论研究，再综合利用激发出来的灵感来发明新事物或解决问题。这种方法和其他创造方法的不同之处在于：以类比为基础进行思考，重在突出思想中的非理性成分，同时通过发挥非理性思维的作用，获得要解决问题的具有独创性和启发性的看法和创意。[①]它是朴素借鉴法的体系化发展，更加强调转换角度，转换思路。

Gordon在研究中发现，当人们看到一件外部事物时，往往会得到启发思考的暗示，即类比思考。这种思考的方法和意识没有多大联系，反而是与日常生活中的各种事物有紧密关系。因此，通过大胆转换已有方案的应用环境，人们往往能突破思维定式，获得新的启示。例如，设计师把飞机尾翼加以变通，转化为跑车的尾翼，就解决了跑车的空气动力学问题；发明家看到苍耳在衣服上难以摘除，通过转化和类比，就发明了尼龙搭扣……

在已有现象的基础上，综摄法强调换一种理解的方式，换一种观察的角度，换一种应用的环境，通过转换和类比，一个新的创意也许就会出现。

实践中许多优秀的创意都来自这类对于对象的横向类比和重新认识。以一样的眼光看待不一样的事物，或对一样的事物用不一样的眼光来看待，都是一种类比，都能产生新的创意。正所谓“横看成岭侧成峰，远近高低各不同”，鲁迅先生在谈到《红楼梦》时说：“经学家看见《易》，道学家看见淫，才子看见缠绵，革命家看见排满，流言家看见宫闱秘事。”指的就是这个道理。

---

① 陈俊红．“综摄法”在广告创意中的运用．艺术教育［J］．2011（5）：124-125.

Gordon提出了4种不同类型的类比方法：

（一）人格类比

人格类比是一种人格移入式的思考方法。先假设自己变成该事物以后再考虑自己会有什么感觉，又如何去行动，然后再寻找解决问题的方案。例如游戏中的战斗机甲可以类比人体来进行设计。它的武器如同人的手臂，可以左右上下弯曲，打击敌人；它的底盘如同人的腿部，可以前后移动，进行跳跃和奔跑。

（二）直接类比

直接类比是指以作为模拟的事物为范本，直接把研究对象和范本联系起来进行思考，提出处理问题的方案。例如，设计一种游戏中的飞行载具，可以将它同帆船直接类比，帆船上的操纵机构、风帆、缆绳、甲板等都可经过适当变化运用到飞行器上。

（三）想象类比

想象类比是指利用人类的想象能力越过现实的困难，通过科幻、童话、小说、幻想等方式来寻找灵感，获取解决问题的方案。例如，设计一种飞行道具，可以暂时忽略现有的发动机、材料、工艺等困难，直接想象未来的飞行器的形态，然后再加以创造。

（四）符号类比

符号类比是指把问题类比为抽象的、框架化的符号，然后借此激励脑力，开发创造潜力，以获取解决问题的方法。例如，设计战争游戏，可以先类比“残酷”“激烈”“壮观”等象征性符号，然后创造；设计儿童游戏，则可以先类比“有趣”“快乐”“童话”等符号。

对游戏设计者来说，善于运用类比，重点在于通过转换对设计对象的认识角度，来赋予对象以新颖和独创。例如，三国题材在游戏中被广泛运用，包括即时战略类、策略类、动作类、经营类等众多类型。一个三国题材，竟衍生出这么多类型，这其实就是运用了类比和变通的方法。因此，把同一个主题类比到不同的玩法中，可以较容易地产生出不同的游戏。它们既相同又不同，相同的是主题，不同的是玩法。

除了历史经典，生活中的主题也可以进行类比。比如，大量经营类游戏均借用了现实中的生产和活动，如农场经营、商场经营、国家建设、餐馆管理等；体育游戏则借用真实的比赛，如F1赛车、足球联赛、北美冰球联赛等。生活中有取之不尽、用之不竭的题材，只要留心观察，学会类比，好的游戏创意尽可以信手拈来。

综摄法是一种同中求异的方法，需要设计者突破思维定式、拓宽狭隘眼界，打开思路，发散地看问题并进行多视角的思考。正如梁启超在《中国历史研究法》一文中所说："天下古今，从无同铸一型的史迹，读史者于同中观异，异中观同，则往往得新理解焉。"

三、组合法

组合法是指按照一定的技术原理，通过将两个或多个功能元素合并从而形成一种新产品的创新方法。

据统计，近代科技创新成果中60%~70%与组合创新有关，从简单的带橡皮头的铅笔到复杂的阿波罗登月飞船，从历史久远的瑞士军刀到日新月异的智能手机，该方法业已创造出千姿百态的新产品。

从原理上看，组合法可分为功能组合、原理组合、布局组合、形态组合和结构组合五大类别。

（一）功能组合

功能组合是将各种相互关联的功能特征进行有机组合。比如，《魔兽世界》（*World of Warcraft*）通过拆分不同英雄的技能，将物理攻击、治疗魔法、魔法攻击等技能组合于一体，便创造出了"德鲁伊"（游戏角色）这个具有多功能的角色。

（二）原理组合

原理组合是从设计要求出发，通过分析，寻求不同原理的可组合性，从而实现原理重组。例如，动作游戏的游戏性原理是挑战反应速度，而策略游戏的游戏性原理是考验博弈能力，角色扮演游戏的游戏性原理是人格代入，三者的原理组合便诞生出了"DotA"等游戏性极高的新玩法。

（三）布局组合

布局组合是对元素进行切割组合，划分为不同类型的布局模式，然后通过布局的空间排列、配置方式和尺度变化等三要素的变化来实现创新。例如关卡设计中，可以将伏击点、障碍物、跳台、机关等元素提取出来，重新布局为新的地形。

（四）形态组合

形态组合是指在遵循基本形态法则的基础上，对形状、色彩、材质等方面进行切割组合的操作。例如，《超级马里奥兄弟》（*Super MarioBros.*）将鸟类和爬行动物的形态进行组合，便设计出了“飞乌龟”这种令人匪夷所思的小怪兽。

（五）结构组合

结构组合是指在概念设计后期，对经过初步结构化的设计方案实行结构信息特征的切割重组。结构组合创新的对象不仅包含各个结构特征自身，同时包括各特征之间的连接关系、控制关系等。这种方式在游戏中可体现为游戏机制的组合，例如不同游戏的战斗系统、贸易系统、社交系统等均可重新排列，组合为新的游戏系统。

在自然界，不同化学元素通过组合可能形成新的物质，而在游戏界，游戏性元素的重新组合则会创造出新的游戏。历史上这种游戏重组大量出现，引领着游戏产业不断发展进化。

例如，动作游戏与策略游戏的组合，激发了即时战略游戏的发明；角色扮演游戏与文字网络游戏的组合，促使了多人在线角色扮演游戏的诞生。更遑论《啪嗒砰》（*Patapon*）是音乐游戏和策略游戏的元素组合,《每日射击》（*Everyday Shooter*）是音乐游戏和射击游戏的元素组合……如图4-1所示，各类游戏之间充满了复杂的衍生关系，各种游戏玩法不断被打散，又重新组合，催生出新的游戏方式和体验。

考察曾一度在移动平台上火爆的《愤怒的小鸟》（*Angry Birds*），乍看之下它十分新颖——将小鸟作为子弹，枝杈作为弹弓，玩家“拉弹弓”将小鸟弹射而出，以破坏建筑的数量和消灭猪的过程来评判游戏成绩。小鸟和猪的可爱造型，不同种类小鸟的特殊能力，独特的关卡设计，一切组合成为充满新意和乐趣的游戏。

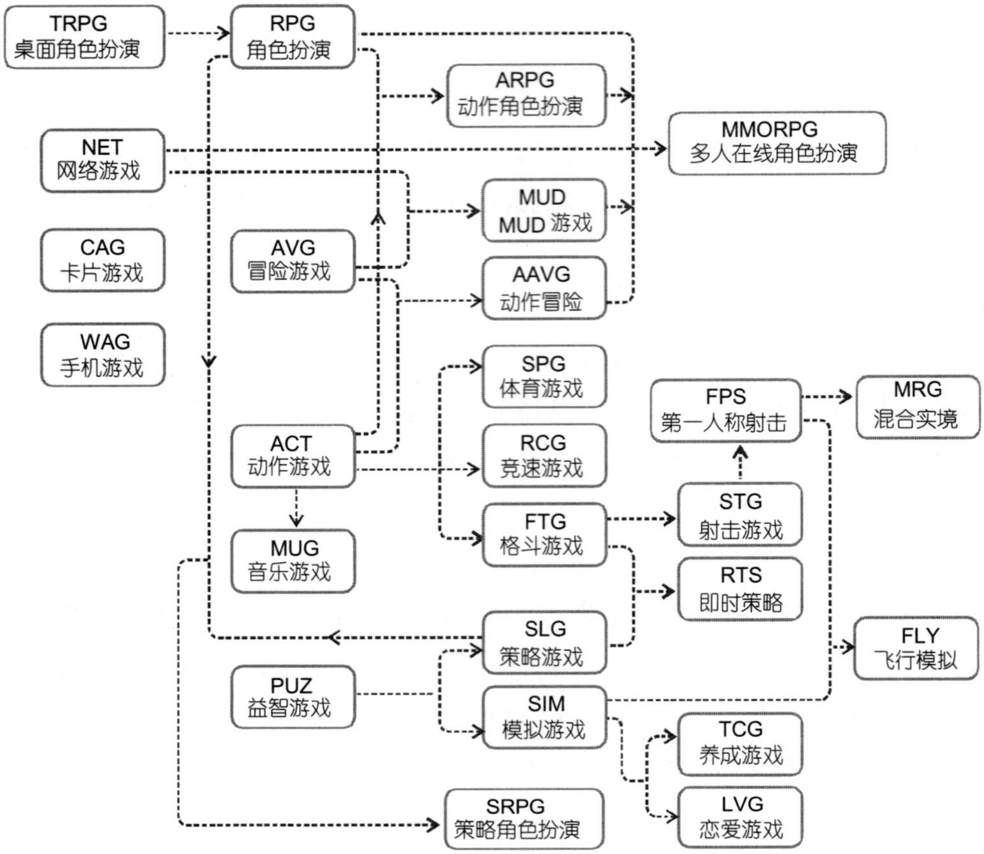

图4-1 游戏玩法的组合与发展

然而，将其仔细解剖，拆分成独立的个体，不难发现其中任何一项内容均非其特有的：将物理元素作为重要可玩性并非《愤怒的小鸟》的专利，《粘粘世界》《蜡笔物理学》《平衡球》（*Balance*）等都是出色的物理类游戏。如果假设《愤怒的小鸟》是因其角色的可爱造型而叫座，那么《送小羊回家》（*Home Sheep Home*）、《冰河时代：村庄》（*IceAgeVillage*）、《超级马里奥兄弟》、《音速小子索尼克》（*Sonic the Hedgehog*）等具备滑稽可人角色的电子游戏早已屡见不鲜；而《愤怒的小鸟》的核心玩法——“瞄准”“使用弹弓”“攻击目标”的机制已经具备很长历史。在原始社会人类就开始使用弹弓进行狩猎，各个时期的电子游戏均有将其作为核心玩法的作品，各社交网站页面也常常可见此种类型的小游戏。由此可见，《愤怒的小鸟》实则是一次成功的组合，它将数个现有游戏元素融合成为独特的新个体，这些元素并非全新但缺一不可。

游戏设计的创新过程充满了未知和历险，而组合创意法可以帮助我们有效规避风险。将现有的创意元素重新组合是获得新颖设计的重要途径。值得注意的是，元素组合并非单纯叠加，而是在原有基础上的创作。

四、等价变换法

1944年，被誉为创造学先驱之一的日本教授市川龟久弥撰写了《创造性研究的方法》一书，并于1955年提出了“等价变换理论”。书中，他提倡通过相互模拟、借鉴、联想等方法改变原来的对象，从而实现创造和革新，这就是所谓的等价变换法。

这种理论认为：“事物之间的等价性（相似性或共性），绝不仅限于形状的相似和类别与属性的相同，实际上具有更广泛的原理上的等价。对于创造活动而言，任何新的事物都不是从天上掉下来的，不是对原有事物的彻底否定，新旧事物之间总是存在着某种等价关系，创造的实质就在于寻找这种等价关系，并通过等价变换来抛弃原有事物的落后性或不适应新需要的部分，演变出先进的、更适应需要的新事物。”①

市川龟久弥把自然界的各种等价变换形式归结为三种类型：（1）自我成长型等价变换，即类似于蚕从幼虫变化为成虫的转换过程。如宇宙的演化、生物的进化等，这一过程是系统内自发产生的；（2）被加工型等价变换，即类似于从桑叶到蚕丝这一变换过程，是被动发生的；（3）综合型等价变换，即综合以上两种特点的等价变换。

市川龟久弥在观察昆虫的生长后感叹道：“创造性开发的生物学模式存在于凤蝶的成长过程之中。”他认为，在由幼虫变成蛹进而变成漂亮的蝴蝶的过程中，存在着创意发展最完美的基本模式。在事物发展过程中，初期的外形被舍弃了，但是内容却进入了高级阶段，事物走进了新秩序并最终选择了新形态。创意过程也与此类似，只不过蝴蝶幼虫变成了研究课题，蝴蝶变成了最终成果。

等价变换法的一般程序要点：（1）提出问题，确定观点；（2）抽出等价因素，并广泛寻找具有等价因素特征的事物；（3）选择较合适的事物，对其进行分解、扬弃，并与其他新要素结合形成新事物；（4）经检验后对不足之处通过反馈进行调整和修改，最后获得满意答案。

---

① 黄友直等．创造工程学［M］．长沙：湖南师范大学出版社，1995（4）：201.

实施等价变换，首先要将所思考的事物“抽象化”，找出代表共性的等价因素，再以此为基础，本着由低级向高级进化的原则，对事物的结构要素进行变换，最终获得更优的创意。

例如，在传统的麻将中，洗牌和摆牌作为游戏中的一个步骤，虽然没有游戏性，却不得不进行，较为烦琐。而自动麻将机对这一元素进行了等价变换，让机器代为摆牌，便获得了市场的认可。到了数字时代，视频麻将游戏则直接用播放动画的形式代替了洗牌，而且加入了对牌面的智能排序功能，其变换更加彻底，也更加受到年轻人的欢迎。

值得注意的是，游戏的玩法和规则通常经过多年的累积，难以作出大的调整。但处于外层的视觉元素则可以进行大刀阔斧的等价变换。例如，塔防机制已存多年，然而《植物大战僵尸》（*Plants vs. Zombies*）的设计师突发奇想，将绿色植物进行拟人化，用豌豆、蘑菇、西瓜等植物等价代替了原有的炮塔，游戏风格立刻变得清新可爱，塔防的对象僵尸也一改从前的恐怖形象，变得滑稽搞笑，让玩家忍俊不禁。

与组合法、综摄法类似，等价变换法也是从已有的事物中，通过递进演化来进行创造。不过，等价变换法更加直接和集中，更加强调替换原理。

第三节　列举创意法

列举创意法是指以罗列创意点为开端的一大类创意方法。

该方法可分为两类：一种是有逻辑和目的的列举，如缺点列举法和希望点列举法等，为的是获得有针对性的突破点；另一种是无特定目的的列举，如特性列举法和联想法，为的是获得大量的创意点。

一、缺点列举法

缺点列举法由美国通用公司提出，是从列举事物的缺点入手，找出现有事物的缺点和不足之处，然后再解决问题的创意方法。该方法直接针对已有事物的缺陷进行罗列，单刀直入，效果明显，被广泛应用于新品提案、竞品分析和产品改良等阶段。

任何事物都不是完美无缺的，而且随着环境的变化发展，今天合适的事物，到明天可能就难以继续满足需求。当我们发现现有事物的不足之处时，就找到了创新的方向。[①]

不过，人们容易对自己司空见惯的东西熟视无睹，感觉不到缺点的存在，因此需要用特殊的技巧来调动和激励创意者。缺点列举法一般分为两个阶段：

（一）列举缺点阶段

召开会议，会议主持者通过提问引导，启发与会者找出分析对象的缺点。以游戏的版本改良为例：现有游戏版本有哪些明显的不完善之处？游戏界面在哪些方面不利于玩家上手？哪些方面缺乏明显的引导？……寻找事物的缺点至关重要——找到缺点就等于在解决问题的道路上成功了一半。

（二）探讨改进方案阶段

在这一阶段，会议主持者应启发大家思考存在上述缺点的原因，然后根据原因找到解决的办法。会议结束后，应按照“缺点”“原因”“解决办法”和“新方案”等项列成简明的表格，以供下次会议或分析报告用，亦可从中选择最佳修改方案。

缺点列举法的要点包括：（1）会前应针对项目，选择一个明确的议题；（2）在会上充分发动与会者，尽量列举这一议题的各种缺点，越多越好；（3）记录人将提出的缺点逐一编号，记在卡片上，然后从中挑选出主要的缺点，并围绕这些缺点制定出切实可行的改良方案；（4）会议的议题宜小不宜大，大的议题要分成若干小的议题，分次分批解决。

在实际操作中，缺点的列举可以从以下几点入手：

（1）从功能上找缺点，即寻找产品目前在功能中存在的不足，提出实现功能的新方法， 从而创造出新的产品形式。

（2）从用户意见中找缺点，通过市场调研，分析市场数据来获取用户的一手意见，这种方法直接面对最终用户，以用户体验为创意指导，在实践中非常有效。

（3）从感觉因素中找缺点，将人的因素放在首要地位，依靠人的生理和心理需求，通过直觉来寻找缺点。

（4）从与周围环境的关系中找缺点，将视野放大，不再局限于产品本身，而是将其作为大环境中的一个组成部分来寻找缺点。例如，某些建筑的设计本身并无

---

① 何文波，刘丽萍. 基于缺点列举法的产品设计［J］. 河南科技大学学报（社会科学版），2006（2）：70-72.

大碍，但放到具体环境中就显得格格不入，如果设计早期进行排查，就能避免此类问题。

游戏设计归根到底是一种体验设计，需要将玩家的反馈放到首位。改进玩家提出的缺陷是游戏进步的不二法门。暴雪公司在推出《星际争霸》（*StarCraft*）后获得了广泛好评，但由于操作复杂，节奏紧张，被少数玩家嘲讽为鼠标点击游戏。经过认真分析，暴雪公司在设计《魔兽争霸Ⅲ》时便放宽了对玩家操作的要求，在即时策略游戏中引入角色扮演元素，取得了巨大的成功。

物理学家海森堡说过："提出正确的问题，往往等于解决问题的大半。"爱因斯坦也曾说过："在创造活动中，发现问题其实比解决问题更重要。"缺点列举法的关键在于主动寻觅已有成果的缺点或毛病，提出问题，进而解决问题。

不过，缺点列举法虽然有简便易行且见效快的优点，但大多只是围绕原有产品的缺点进行改造，较为被动。

二、希望点列举法

希望点列举法由美国内布拉斯加大学（Nebraska University）的Robert Crawford教授发明，是创新者从社会需求或个人愿望出发，通过列举希望点来形成创新目标或课题，进而探求解决新的设计问题和改善设计对策的分析方法。①

与缺点列举法刚好相反，这是一种不断提出"希望"，提出"怎么样才会更好"，进而探求解决问题和改善对策的创意技法。此法通过提出希望使问题的关键点凸显出来，进而聚合成焦点，然后加以考虑和创造。

希望点列举法的原理是：人的需求是无法满足的，当一种需求得到满足之后，将会出现更高的需求，需求的背后往往隐藏着事物的新问题与新矛盾，而这个矛盾正是优点列举法存在的动力。该方法往往从实际的意愿出发提出各种假设，是一种更加主动的思维方式。

希望点列举法的实施主要有四个步骤：

第一，议题选择。由会议主持人选择一件需要革新的事物作为议题。

第二，希望列举。主持人围绕这一议题列举出各种改革的希望，激发和收集人们的希望。

其间，主持人要尽量激发与会者产生更多的希望，可将各人提出的希望公布出

① 王星河．缺点列举法与希望点列举法在产品设计中的组合应用［J］．艺术·生活，2010（3）：62-63.

来，并在与会者之间传阅，这样可以在与会者中产生连锁反应。列举希望时一定要注意打破思维定式。

第三，希望整理。会后将提出的各种希望进行整理，仔细研究人们的希望，从中选出目前可能实现的若干项，形成希望点。

第四，制定方案。以希望点为依据，制定出具体的新方案。

值得注意的是，希望点列举法依托想象而产生，思维的主动性强，自由度大，所以列举希望点所得到的目标含有较多的创造成分。有时这些想法中包含一些看起来有些"荒唐"的意见，应采用开放的观点进行评价，不要轻易放弃。

不过，在游戏中，玩家的希望永无止境。玩家希望游戏足够精彩，能够百玩不厌；玩家希望游戏足够简单，不需要教学便能上手；玩家希望游戏画面精美，故事引人入胜；玩家希望在游戏中获得技能、经验、金钱、装备、宠物、排名、称谓、分数；玩家希望在游戏中成为英雄，赢得尊重，抱得美人归……由玩家任意列举希望，会陷入意见的汪洋大海。因此，设计者要善用统计工具，在大量的目标中筛选最广泛、最迫切或者最出彩的希望点。

总结缺点列举法与希望点列举法，可以发现二者都是先将想法聚焦于一个点，而后又发散成各个罗列的点，最终又收敛于某种创新；二者的议题都宜小不宜大，以克服与会者感知不足的障碍；二者都要促进更深层次的思考，从而产生丰富的创新思维。

从流程上看，二者都经历了类似的若干环节：首先，进行市场调研，包括资料收集、人群定位、相关产品调查等；其次，运用列举法确定议题；再次，确定其中需要改良或创新的地方；最后，将众多的缺点或希望点加以归类整理，并以此为基础改进。

这两种列举法均有明确的指向性，创意目标也与大部分玩家的需要相符，因而如果以恰当的方式实现，就可以带来极佳的用户体验。

三、特性列举法

1954年，Robert Crawford教授还提出了一种新的列举法，叫特性列举法（Attribute Listing Technique），也称属性列举法、分布改变法。

该方法强调使用者在创造的过程中观察和分析事物或问题的属性，然后针对每项属性提出改良的构想。[1]在实践中，通过将课题分为若干个子课题（把大问题分解为局部小问题），并把它们的特性一一列举出来，然后将这些特性加以区分，划分为概念性约束、变化规律等，再研究这些特性是否可以改变以及改变后对产品产生的影响、相应的解决方法等。

特性列举法的基本原理是先分解、后分析。列举就是将整体分解为若干小的方面，然后罗列展开的一种方法。创意期间需要打破心理定式和思维定式，注意交叉运用发散思维和辐合思维。

特性列举法的实施步骤如下：

（1）将要改良的对象分为名词特性、形容词特性和动词特性三类。名词特性包括全体、部分、材料、工艺等，形容词特性包括性质、状态等，动词特性包括功能、过程等。

（2）进行特征变换。从三个特性的角度对特性进行详细分析，然后通过联想和想象分析各个特性能否加以改良，以寻找更好的解决方案。

（3）通过改变后的新特性或者根据特性的重新组合，得到新的创意。

该法简单方便、不限人数，既适用于个人创造，也适用于群体创造。

例如，选择游戏中的主角设计作为议题，那么我们就可以按照以下流程进行创意：

第一步，列出特性。

名词特性：脸型、五官、发型、躯干、四肢、服装、配饰、武器……（此为部分特性，虚拟角色可暂不考虑材料、工艺等特性）。然后可以再对各部分进行进一步的拆分。如服装可分为上衣、裤子、鞋子、帽子、围巾、斗篷等；配饰可分为头饰、项链、胸针等。如此不断细分，直至无法继续，或者也可以将角色的服饰武器作为另一子议题暂时搁置，待日后分析。

形容词特性：年龄、性别，肤色、性格……

动词特性：技能、变化、行走、跑步、跳跃、攻击、受伤、死亡……

第二步，进行特征变换。

对名词特性的思考：角色的体型是高大还是瘦小？五官是俊朗还是凶残，或者完全没有人类五官的概念？能否改变角色的人类特征？比如是否可以采用半兽人形式？

---

① ELIZABETH D. How to train people to think more creatively［J］. Management Development Review, 1995.10（8），P28-33.

对形容词特性的思考：角色的年龄多大，是婴儿、青年还是老人？角色的肤色可否采用特殊的色彩，如绿色、彩色或者可以变色？角色的性别是男性还是女性，或者是中性？是否可以采用情感化的形容词加以描述？

对动词特性的思考：角色的物理状态是否可以变化，比如是否可以变身？角色的技能包括哪些方面，是否可以飞行、潜水、入地、隐身？角色的攻击采用何种动作，是凌厉敏捷的快速袭击还是致命的蓄势一击？

第三步，归纳与提炼。

将变换后的新特征进行组合，得到新创意。例如，这次我们可能会选择创造一个瘦小的男性青年角色，智慧超群，孤独内敛，可以隐身，能够变化为老鹰在空中飞翔，使用长剑，会用魔法进行远距离的攻击……

除了针对游戏中的具体问题进行创意，特性列举法还适用于游戏版本的升级换代，优势在于能保证对问题的所有方面做全面的分析研究。我们可以将一款游戏产品的特点列举出来，制成表格，然后再把改善这些特点的方案列入表中。

综合来看，特性列举法操作步骤相对复杂，设计师对议题作越深入细致的观察、分析，创新就越容易获得成功。但需要注意的是，如果设计者迷失了最初的创新方向和标准，就会陷入无穷无尽的枚举怪圈，不仅无法得到灵感，反而会陷入思维的泥潭。

四、联想法

联想是人脑在受到外界某种刺激时，产生思维跳跃的特殊的思维活动。通过联想，我们可以从一个事物、概念、方法、形象关联思考到另一个事物、概念、方法和形象。

联想法以人的联想能力为基础，是一种利用发散思维，通过联想来列举大量关键词的创意方法。在游戏创意中，联想法能实现大跨度、全方位的发散思维，易于发掘思维的潜能，发挥大脑的想象能力。

（一）联想法的实施

通常，联想法的实施主要有以下步骤：

（1）选择主题。由会议主持人选择一个联想的起始议题，议题可以是文字、图形、音乐等形式。

（2）联想列举。主持人鼓励与会者产生联想，从一个关键词联想出若干二级关键词，每个二级关键词又可发散出三级、四级关键词，直至无穷。

在进行联想思维时，需要将各人提出的关键词记录下来，写在大家都能看到的地方（以白板、海报纸为佳）。可以用线条将各个关键词联系起来，使之形成直线型、树形等易于查阅的格式。会议时间以不超过1小时为宜。

（3）联想整理。将提出的各种关键词进行整理、分类，从中选出可能有价值的观念，形成创意点。

（4）制定方案。以创意点为依据，制定出具体的新方案。

（二）联想的方法

以上步骤中最核心部分的是联想点的列举。我们可以通过一些方法来引导参与者进行更充分的联想。常见的方法包括接近联想、相似联想、对比联想以及关系联想[①]。

接近联想（Association by Contiguity），又可以称作时近联想或邻近联想，是对空间和时间上接近的事物产生的联想。当我们在某一情境经历两件事情时，这两件事情就会在记忆中互相联系，互相结合。例如从书桌可以联想至教室、座椅，从闪电可以联想到雷鸣、暴雨等。

相似联想（Association by Similarity），也叫类似联想、同类联想，是由某一事物或现象想到与它相近的其他事物。这种联想来自人类对事物的逻辑分类，例如从苹果可以联想到橘子、香蕉，从足球可以联想到篮球、乒乓球等。

对比联想（Association by Contrariety），是因对比关系从某个事物想到与之相反的事物的一种联想。这源于人们原始的“二元对立观”，即潜意识中非黑即白、非好即坏的心理惯性。例如从黑夜可以联想到白天，从天堂可以联想到地狱等。

关系联想（Association by Logicality），也叫因果联想，是经由逻辑关系从某一事物想到另一事物的联想。这种联想源自人们有意识的推理思考，例如从乌云可以联想到下雨、路面湿滑，从路面湿滑可以联想到摔倒、住院等。

人类在进行联想活动时，通常会在潜意识中快速地组合上述几种方式，例如从火联想到中毒的过程是：从火联想到水（对比联想），从水联想到鱼（接近联想），从鱼联想到蛇（相似联想），从蛇联想到中毒（因果联想）。

---

① 吴本虎．隐喻认知的联想方式分析［J］．西安外国语大学学报，2007（3）：6-9.

在游戏创作中，单纯使用联想法往往会产生海量的词语，它们很多都是抽象的概念，难以运用到实际的设计中。为了充分激发设计师对这些词汇的感受力，我们不妨试用情感映射法进行归纳，将抽象的概念丰富化、立体化、具象化。通过这种方式，艺术家将能够把个人的感情经历、性格特点、世界观、思考方式和心绪融入游戏的情境，游戏也会由此呈现出独一无二的情感立场，形成与众不同的作品风格。这时游戏就会如同有了灵魂般焕发出感染力和生命力。

比如，针对“冬天”这一主题词，我们可将头脑中瞬间浮现的形容词和事件描述记录下来。这些描述不仅丰富了“冬天”这一词语本身，而且会进一步提供发散思维的素材，启发更多的联想。我们应不断给自己提问，例如这个冬天下雪吗？是哪个国家的冬天？是在圣诞节前吗？有森林和湖泊吗？有猎人正在打猎吗？……伴随着这些普通问题，我们可再次解放思维，添加一些不同寻常的事物，例如，这个冬天只有冰而没有雪；白天如沙漠般酷热，而夜晚如极地般严寒。这些不同寻常的事物对创造独特的游戏世界观有着不可小觑的作用。

游戏设计终究是一门艺术，而情感表达是艺术作品中不可缺少的部分。我们应充分刺激人的所有感官，用不同颜色的画笔描绘出脑海中的世界；使用影片、音乐来启发自己的灵感，然后描述自己想象中虚拟世界的氛围，并传达给团队的其他成员；让团队成员扮演故事中的不同角色，深入酝酿感情，揣摩角色的心理活动，认真排演一个小短剧；编写一则故事，将抽象概念向具体情感演变，直至设计师获取满意的创意为止。

可见，联想法是创意过程中十分重要的方法。通过联想，我们在思维世界的冒险中将愈行愈远，情感亦愈丰富，思路亦愈开阔。不过，该方法也存在着联想结果可控性差，质量无法保障的缺陷。因此，联想法并非一套完整的创意体系，只能作为创意前期进行发散思维的辅助技巧。

第四节　其他创意法

自1939 年头脑风暴法诞生至今，已经有300多种创造技法被公布于众。由于篇幅关系，本书仅摘录少数创意方法供读者参考。

一、检核表法

检核表法（Checklist Technique）又名检核目录法、对照表法，也有人称它为分项检查法、核目录法、核对表法、查表法等。该方法根据研究对象的特点，先列出一个有关问题的检核表，然后逐个核对讨论，从中发掘出大量的创意。

检核表法实际上是一种多路思维的方法。根据检查项目，创意者可以从表格出发，一条一条地想问题。这样不仅有利于系统、周密地检查，使思维更具条理，也有利于更深入地发掘问题，有针对性地提出更多可行的设想。检核表法几乎适用于一切领域里的创造活动，因此享有“创造技法之母”的美誉。

检核表有多种形式，著名的有“5W2H”表、奥斯本检查表等。

使用“5W2H”表，首先提出要思考的题目，然后就题目的各个阶段提出一系列问题，如它为什么是必要的（Why），应该在哪里完成（Where），应该在什么时候完成（When），应该由谁完成（Who），应该具体做什么（What），应该怎样去做（How），应该做到什么程度（How much）。

奥斯本检查表则更加针对创新和创意活动，引导设计师在创造过程中对照9个问题进行思考，以启迪思路、开拓想象。这9个问题包括：有无其他用途？能否借用？能否改变？能否扩大？能否缩小？能否代用？能否重新调整？能否颠倒？能否组合。

以下逐一就每个问题进行说明。

（1）有无其他用途？

子问题：游戏程序保持原状不变，能否扩大用途？如果稍加改变，有无别的用途？

一般来说，我们会习惯于先确定一个目标，然后寻找实现目标的途径。而这个问题与之相反，首先承认一种事实，然后联想这一事实能起什么作用，从方法入手导向目标。

当我们拥有某种技术，为扩大它的用途，打开它的市场，就必须善于进行这种思考。例如，炉渣有什么用处？木屑有什么用处？雾霾有什么用处？当人们将想象力投入这个问题，就会以产生出更多的好创意。例如，我们有了面部识别的技术，就可以提问，这个技术可以稍加改变吗？能否用到游戏娱乐中？

（2）能否借用？

子问题：其他公司有无相似的游戏方式，如果有，能否借鉴？能否借用别处的设计经验或玩法？过去有无类似的设计案例？现有的成功模式能否引入新的游戏之中？

技术的进步不仅表现在某些理论难题的突破上，也表现在技术成果的推广上。例如，电灯在开始时只用来照明，后来随着光线波长的改变，就有了紫外灯、红外加热灯、灭菌灯等。在游戏领域，我们经常需要分析相关艺术的思路，借鉴电影、小说、动画的技法甚至其他游戏的经验，站在巨人的肩膀上。

（3）能否改变？

子问题：改变一下会怎么样？可否改变一下色彩、音乐、故事？是否可改变一下题材、风格、玩法、收费模式？……改变之后，效果又将如何？

一些产品稍加改变就会面貌一新。例如汽车，有时只是改变一下车身的颜色，就会增加销量。又如早先的滚柱轴承，只是改成了滚珠，就会使效能提升。游戏版本的改良往往也是迭代式的渐进发展，点点滴滴的改变，就会带来不同的体验。

（4）能否扩大？

子问题：现有的游戏能否增加一些系统？能否增加关卡，提高难度，延长产品寿命，提高道具价格？

在游戏开发中，研究“再多一些”的问题，能给想象提供大量的构思点。使用加法和乘法，便能使人们扩大创意的领域。

（5）能否缩小？

子问题：界面简化一些怎么样？现在的算法能否优化？服务端占用的资源能否降低？能否省略、删除一些点击和页面？

这是“借助于缩小”“借助于省略或分解”的途径来寻找新设想的方法。随身听、平板电脑、折叠伞就是缩小的产物，没有内胎的轮胎、无线充电器就是省略的结果。在游戏中也需要做减法，如简化玩家的操作将大大优化游戏体验。

（6）能否代用？

子问题：可否由别的引擎代替？可否用别的玩法、系统、平台、程序代替？可否选用其他技术路线？

用充氩的办法来代替将电灯泡抽成真空，可以提高钨丝灯泡亮度。与此类似，游戏中通过取代、替换的途径也可以为想象提供广阔的探索领域。如实现游戏中的阴影渲染可以采用耗费资源的光线追踪，也可以使用更加快速的替代算法。

（7）能否重新调整？

子问题：能否更换一下模块开发的先后顺序？游戏界面可否改成另一种版式？

能否变换一下日程？更换一下色调，会怎么样？

重新安排通常会带来新的创造性设想。固定翼飞机的螺旋桨本来在头部，后来装到了顶部，就成了直升机。游戏按钮的重新安排，服务器更新时间的调整，关卡Boss的顺序安排，障碍物的布局调整……都有可能产生更好的结果。

（8）能否颠倒？

子问题：故事顺序倒过来会怎么样？机关上下是否可以倒过来？建筑左右、前后是否可以对换位置？里外可否倒换？正反可否倒换？可否用否定代替肯定？

这是一种反向思维的方法。游戏中有大量的传统玩法，反其道而行之，可能会出现新的创意。例如，重力能否向上？子弹能否增加生命值？

（9）能否组合？

子问题：新的IT技术组合起来使用会怎么样？能否把多个玩法合成一个游戏？能否把游戏目的进行组合？能否将各种武器进行综合？

例如，把几种金属组合在一起，会变成性能不同的新合金；把几个企业组合在一起，会构成横向联合的大集团……游戏的玩法、规则、运营模式、推广方法、开发技术都可以进行排列组合。在产生新的创意方面，组合的效率胜过其他各种方法。①

奥斯本检核表法经历了多年的实践检验，已被大量案例证明具有实际的功效。同头脑风暴法一样，我们在游戏设计中可以放心地采用。

二、NM 法

NM法是由日本人中山正和在《构思的理想》一书中提出的创新方法，也叫中山正和法。这是一套十分庞杂的体系，鉴于篇幅关系，本书仅做简单介绍。

该方法依据中山正和自创的神经活动理论，把人的记忆分成“点记忆”和“线记忆”两种。其中，“点记忆”是断续的，经联想产生的创意点；而“线记忆”是关系性的，经逻辑思考产生的联想。②中山正和认为，搜索积累起来的“点记忆”，经过联想、逆向思维、类比等方法将其重新组合成“线记忆”，就会涌现出大量的创造性设想，从而获得新的创意。与其他创意技巧对比，该方法有以下特色。

① 莫名．检核表法：创造技法之母［J］．发明与创新（综合版），2008（10）：18.

② 田世仲．中山正和的ＮＭ法与思维训练［J］．语文教学与研究，1995（4）：5-6.

（一）创意引发

NM法的第一个特色是创意引发（所谓的扩散性思考），技巧包括观察、想象、联想等。就联想方法而言，包括自由联想、强制联想及模拟法等各种方法。

其中，自由联想可以不受拘束地进行发散，属于自由奔放的思考模式。而强制联想从事先设定的角度引发联想，思考范围稍受限制，但能够起到暗示作用，速度较快。至于模拟法则借助图像，先由一个观念转换到某个图像，再由图像想到各种创意。这一方法适用范围较窄，但利用了人的直觉，自然便捷。

NM法还提出了诸如情景模拟、现象模拟、拟人模拟等比较容易激发联想的技巧，故也称为想法移植术。

（二）假说检定

NM法第二个特色是在验证概念时采取假说检定的方式。

假说检定是指在检验观点的时候，可以采用动态、辩证的方式，临时依靠创意者本人的直觉和假说进行主观判断。这里所谓的“假说”就是“我感觉这个方案应该能行”“我觉得这个观点是对的”……可以暂时不去细究这个假说是否可靠，先试运行再说。如果假说在操作中与实际不符或者导致的结果不理想，就被认为检定失败，这一假说就会被放弃，然后换其他的理论或观点。以此类推，不断循环，直到创意者的某个假说能够获得一个令人满意的结果为止。这一方法和所谓的“试错法”较为类似。

（三）创意类型

NM法的第三个特色是利用图像、卡片作为辅助，提出了5种创意的类型。以下就这5种类型进行简单说明。

1. T型展开（构想产出型）

（1）参会者聚集在一起，先了解有关议题的知识，然后设定一个关键词以进行类比和联想。注意，关键词不用名词而用动词和形容词。以设计某种具有情绪感染力的游戏为例，我们可以把关键词定为“依赖”。

（2）从该关键词开始询问其他人，如“这个词能联想到什么？”“它像不像其他的东西？”此时，被问者可能会答出“母亲”“大地”等有关“依赖”的具体形象。

（3）将被问者得出的类比和联想记在卡片上，排列在关键词的下面。接着再对其中一个成员发问，如“在那里发生了什么？”“这个后来会怎么样？”不用记录这一阶段提出的问题，主要是为了让参会者体会诸如“母亲”“大地”等意象的环境和背景。

（4）基于上阶段得出的成果进行发问：“这些对问题本身意味着什么？”然后把构思记录在卡片上。此阶段属于发散性思考，注意要禁止批评，禁止忽略任何意见。同时，注意不要固守一个问题，如果没有结果就按顺序对下一个记录进行发问。

（5）把以上过程产生的构思卡片弄乱，然后依靠想象力重新组合起来，再加入逻辑化的思考判断，最终解决问题。

T型展开的核心是采用关键词进行阶段性的思维展开，以期得到出人意料的观点。

2. A型变换（空间结合型）

A型变换实际上是上述T型展开的第5步，目的是将T型展开即所获得的大量观念加以整理和变换。该方法通过把无因果关系的概念结合在一起来创造出新的创意。具体做法可分为直觉组合、随机组合两种。

（1）直觉组合：放空思想，凝视T型产生的卡片内容，当感觉某张卡片与其他卡片组合后会出现更好的创意时，将组合后的创意记录下来。

（2）随机组合：从卡片中随意抽取两张进行组合。由于采用随机方式，两张卡片的内容可能完全不同，为消除这两张卡片内容的差异，我们需要在卡片之间建立某种假设。例如，我们抽到了“奶香”和“草地”，就需要扩展这两个概念，然后从彼此的交叉重叠中发现共同之处。此时的联想纯属异想天开，不要急于判断创意是否能够实现。

A型变换以“心像”为核心，适用于游戏的概念提出、技术改良和美术设计等。

3. S型变换（时间结合型）

与A型变换略同，区别在于组合卡片时，是按照两个卡片间的因果关系，而非借助直觉或随机。

S型变换的步骤可用作文的“起、承、转、合”来比喻。“起”为开始，“承”为发展，“转”为寻找初看并无关系者，“合”为组合。

S型变换也以T型展开为基础，但组合变换时，需要从两张或数张看来没有关系的卡片中寻找因果和逻辑，在各种可能的联结关系中找出最适合主题的创意。

4. H型展开（硬件发明型）

H型展开与T型展开十分类似，但也有所不同。区别是H型展开用白纸代替了卡片，以图像代替了文字，并且可以一个人进行，不需要多人配合。

（1）明确需要了解的问题，将其记录在纸上，然后围绕这一问题设立几个关键词，写在问题的左面。

（2）根据关键词激发类比和联想，并用图像的方式把联想的结果记录在关键词的下方。

（3）体会图像所在的环境和背景。

（4）根据背景激发联想，用图像的方式记录新概念，形成具体观念。

（5）组合各种观念，依靠逻辑化的思考进行联系，最终解决问题。

这种方法的核心是采用图像和逻辑思考来进行创意，适合解决技术性问题，但需要创意者具备一定的专业知识，否则难有成效。

5. D型方法（问题发现型）

D型方法适合有大量资料的情况（例如已收集到有关问题的市场反馈或会议上专家的发言等），通过整理这些资料来发现问题的重点，进而得出具有独创性的结论。

（1）将搜集到的数据卡片化，散置于桌上。

（2）将内容类似的卡片大致放在一起，略做整理。

（3）在相邻的卡片中，挑出有代表性的卡片，并将其置于其他卡片之上。

（4）将有关系的卡片放置在一起。

（5）从分离的卡片“岛”中，一张张地取出卡片（所取出的卡片彼此之间一般都具有矛盾性）。

（6）设立假说，进行检定，这是D型方法的关键所在。

（7）用设立的假说验证、检查其他数据，以便了解假说是否正确。

D型方法是一种数据分析方法，其核心是分类、抽象、试错。在假说检定的模式下，该方法有助于抽丝剥茧，厘清问题的本质和关键。

综上，NM法大量采用卡片法、图像法、联想法进行创意辅助，剑走偏锋，形成了一套独特的创意方法。但是由于中山正和使用了大量的缩写，如NM-T、NM-A、S→O、W.S、HBC模型等，显得复杂拗口，初学者较难掌握。

三、TRIZ法

TRIZ是俄文原名转换为拉丁文之后的词头缩写，含义为“发明问题解决理论”，英文或翻译为TIPS（Theory of Inventive Problem Solving），中文可翻译为“萃智”或者“萃思”。TRIZ法是由苏联发明家根里奇·阿奇舒勒在研究了世界各国50年来250万份高水平专利的基础上，提出的一套针对发明创造的完整解决体系。[①]经过多年的发展，TRIZ的创意理论不仅被广泛应用于机械设计、电器设计等传统行业，而且被推广到艺术设计、游戏开发等新兴领域。

TRIZ法认为，发明创造的原理是客观存在的，如果掌握了这些原理，不仅可以提高发明的效率，缩短发明的周期，而且也能使发明问题的解决更具有可预见性。

与头脑风暴法、联想法的发散思维相反，TRIZ的理论重在提供有条理、有步骤的解决之道。TRIZ法在得到问题之初，首先预测解的位置和方向，然后利用TRIZ的各种理论和工具实现最终解，避免了传统设计方法中反复进行探索的过程。TRIZ理论追求对问题的彻底化解，认为发明问题的核心是预测方案、解决矛盾。

概括来讲，TRIZ法主要包括11个理论模块，分别是8大技术系统进化法则、最终理想解、40个发明原理、39个通用参数和阿奇舒勒矛盾矩阵、物理矛盾和分离原理、“物—场”模型分析、76个标准解法、发明问题解决算法、科学原理知识库、功能属性分析、资源分析。

如果不进行深入学习，很难窥见11个模块的精髓。鉴于该理论较为复杂，国内出现了不少专门针对TRIZ法进行培训的活动和机构。加之TRIZ法最早主要针对工程类的发明创造，与艺术设计相隔甚远，因此本文仅就TRIZ法中与游戏有关的部分略做评述。

（一）技术系统进化法则

TRIZ的技术系统进化法则是该体系的“宪法”，是指导创新的重要原则，可以用来解决难题，预测技术系统，产生并加强解决工具。该理论认为，技术系统的进化并非随机发生，而是遵循了一定的客观模式，即所有的系统都是向最终理想解进化的。

技术系统进化的8大法则为：S曲线进化、提高理想度进化、子系统的不均衡进

---

① 牛占文，徐燕申等．发明创造的科学方法论—— TRIZ［J］．中国机械工程，1999（1）：84-89.

化、动态性和可控性进化、增加集成度再进行简化、子系统协调性进化、向微观级和增加场应用的进化、减少人工介入的进化。这些原则囊括了几乎所有发明创造的进化模式，为设计创新提供了方向性的思路。

例如，S曲线进化理论认为，所有技术都如同人类一样，必然经历婴儿期、成长期、成熟期和衰退期。技术在发展中呈现出S形曲线，其中尤以成长期的发展最为显著，成熟后便逐渐进入衰退期。

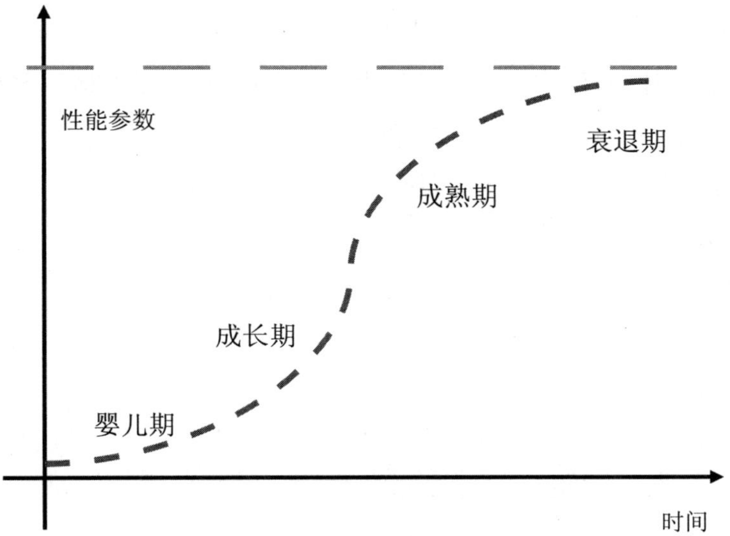

图4-2 技术发展的S形曲线

游戏中采用的技术也不例外，如早些年的即时策略游戏，在21世纪初风靡全球，盛极一时，成为电脑游戏开发的热门题材，《帝国时代》（*Age of Empire*）、《星际争霸》（*StarCraft*）、《魔兽争霸Ⅲ》（*WarcraftⅢ*）等大作接连推出。但随着DotA类游戏的兴起，该游戏类型逐渐从成熟期走向衰退期。这一周期将持续十余年。而一些游戏的生命周期更加短暂，如偷菜、跑酷、塔防等类型，从兴起到凋零不过五六年时间。

（二）最终理想解（IFR）

前文谈到的最终理想解，即英文中的Ideal Final Result（简称IFR），是创新过程中先期忽略各种限制条件，预先设立的最终理想模型。

最终理想解是一种终极的完美系统，如理想系统没有实体，没有物质，也不消耗能源，但能实现所有需要的功能；理想过程是只有过程的结果，没有过程本身；理想资源是存在无穷无尽的资源，可以随意使用等。

最终理想解有四个特点：保持了原系统的优点，消除了原系统的不足,没有使系统变得更复杂，没有引入新的缺陷。当确定了系统的最终理想解之后，可用这4个特点检查其有无不符合之处，并继续进行系统优化。

最终理想解的确定是解决问题的关键，很多问题的最终理想解被正确理解并描述出来后，问题就直接得到了解决。例如，在手机游戏中进行即时战略游戏，界面复杂，按钮又小，非常难以操作。通过分析最终理想解认为，最佳的改进方案是玩家仅需要制定战略，而根本不需要进行操作。于是，新的方案诸如改用语音控制、采用人工智能控制、精简游戏玩法等就产生了。

确定最终理想解一般采用以下步骤：

（1）设计的最终目的是什么；

（2）最终理想解是什么；

（3）达到最终理想解的障碍是什么；

（4）出现这种障碍的结果是什么；

（5）不出现这种障碍的条件是什么；

（6）创造这些条件存在的可用资源是什么。

TRIZ提出，在解决问题之初要首先确定最终理想解，以最终理想解为目标，大大提升了解决问题的效率。

（三）发明问题解决算法（ARIZ）

ARIZ是俄文“发明问题解决算法”的缩写，是基于TRIZ理论的一种解决问题的标准程序。ARIZ经过了多次完善并产生了多个版本，以下是Altshulle提出的ARIZ—85九步法：

（1）分析问题；

（2）分析问题的模型；

（3）陈述最终理想解和物理矛盾；

（4）动用“物–场”资源；

（5）应用知识库；

（6）转换或替代问题；

（7）分析解决物理矛盾的方法；

（8）利用解法概念；

（9）分析问题解决的过程。

TRIZ理论体系严谨、工具丰富，是目前创新学、发明学、创造学的巅峰之作。令人惋惜的是，由于该方法更多地针对工程问题，与游戏设计、艺术设计的结合不够紧密，有关的理论移植也均处于探索阶段，难以直接套用。不过，TRIZ的系统化创新思路放之四海而皆准，随着研究的深入，游戏设计亦可见贤思齐，针对游戏系统中的常见矛盾，建立与矛盾矩阵和发明原理类似的设计工具。

思考题：

1. 运用头脑风暴法与小组成员共同完成一项游戏创意。

2. 在NM法中选择T型展开，与小组成员共同完成一项游戏创意。

第五章　游戏元素创意

本章要点：

1. 游戏概念创意
2. 游戏角色创意
3. 游戏风格创意

第一节　游戏概念创意

概念是整个游戏世界的起源。游戏主题、核心游戏性、设计焦点、游戏特色和游戏风格都由某个创意派生而来。好的概念蕴含着一切奇迹，如同种子生出茁壮的枝芽并最终结出饱满的果实。[①]

一、游戏核心概念

游戏核心概念（Game Core Concept）是游戏概念中的核心部分，它使一款游戏具有独一无二的特质，是风格、玩法和主题等内容的纲领。

在设计文档中，这部分内容就是所谓的设计焦点（Design Focus）。它是整个开发文档的灵魂，团队的共识和交流都以此为基础。设计师Richard Rouse认为，游戏焦点包含以下问题：

---

① 本章部分内容转引自黄石，陈妍洁等．数字游戏策划［M］．北京：清华大学出版社，2008．此引用不再作赘述。

这个游戏最令玩家无法抗拒的是什么？（对应核心游戏性）

这个游戏要去完成什么？（对应游戏目标）

这个游戏能唤起玩家哪种情感？（对应玩家体验）

玩家能从这个游戏中得到什么？（对应设计目的）

这个游戏是不是很特别，与其他游戏有何不同？（对应游戏特色）

玩家在游戏世界中应该控制哪种角色？（对应核心玩法）[①]

以《超级马里奥兄弟》（*Super Mario Bros*）为例，游戏的核心概念是一个水管工在童话世界中的历险。这一概念奠定了整个游戏的基础，游戏目标、氛围、寓意、特色和玩法都由此发展而来。

例如，水管工的概念引出了游戏中水管暗道、隐秘小屋、食人魔花等特有的元素；历险的想法使得游戏目标定位于主人公到达最后的关卡，救出公主；童话的定位则意在给玩家带来童真美好的体验，表现为卡通的设计风格。而其中的核心玩法是"跳"，跨深渊、顶箱子、踩乌龟……都由同一个动作"跳"来完成，简单之余不失丰富，不可不谓巧妙！

这一系列概念彼此相关，浑然一体。据设计师宫本茂介绍，游戏灵感来自他旧时的回忆，他把个人的梦想隐含在了游戏设计中。例如，女主角源于他最喜欢的水果Peach（桃子），大反派Koopa是他常吃的一种小零食，钻水管、进地道、隐藏小屋这些游戏情节都是他童年的经历……

正如设计师Andrew Rollings和Ernest Adams所言，游戏的优秀概念往往出自梦想和生活积累。游戏学家Chris Crawford也谈到，"这是表达自己的一个机会，选择一个你相信的目标，一个能表达你的审美感和世界观的目标……无论你的目标是什么，只要它符合你自己的兴趣、信念和热情"[②]。

可以说，游戏是真正的梦工厂。在设计中，想象力比知识更重要，设计师需要关注人们内心深处的美好梦想，将之概念化、视觉化、细节化，最终凝结成游戏的动人魅力。

---

① RICHARD ROUSE III. 游戏设计：原理与实践［M］. 尤晓东，等，译 . 北京：电子工业出版社，2003: 59.

② CHRIS CRAWFORD. The art of computer game design［M/OL］. Berkeley, CA: Osborne /McGraw-Hill, 1984.［2006-12-19］. http: //www.van-couver.wsu.edu/fac/peabody/game-book/Coverpage.html.

二、概念创意原则

（一）创新性原则

文学、历史、科技、影视、书籍以及其他游戏的内容，也可以激发设计师的灵感。例如《模拟人生》（*The Sims*）受到了《模式语言》（*A Pattern Language*）一书的启迪，而《文明》（*Civilization*）则受到游戏《模拟城市》（*SimCity*）和《帝国》（*Empire*）的启发。纵观游戏的发展，整个行业呈现滚动前进的模式，每一次创新都建立在以往游戏的基础之上。

不过，从其他游戏得到启发并不代表可以抄袭他人的核心概念。例如，《文明》虽然借鉴了其他游戏，但是具有更多的独创思想。其中的“4X”游戏模式——Explore、Expand、Exploit、Exterminate（探索、扩张、开发、消灭）大胆突破，开创了战略游戏的基本格局。

完全雷同的概念抄袭则很难获得市场的认可。在1996到1997年之间，有一段被称作“命令与克隆”（Comand and Clone）[①]的即时策略类游戏模仿热潮，无数游戏蜂拥而上，最终却销声匿迹。

艺术大师达·芬奇在《绘画论》（*Treatise on Painting*）中提道：“如果绘画者以他人的成果为基础，将会创造出价值较低的图画；但是如果运用从自然物体上所得的经验，将会有出色的收获。例如，效仿罗马风格的绘画者持续地互相模仿，经历了若干个世纪，他们的绘画技法却无甚改进。因而，借鉴于天然的创作方式实际上比模仿他人更加安全——前者如同直接前往喷泉，而后者只是汲用水壶里的水。”

可见，游戏概念贵在创新而不是模仿，构想出一种与众不同的体验方式，便迈出了成功的第一步。

（二）游戏性原则

游戏的概念应围绕游戏性而展开。这就如同产品设计应围绕产品的功能，建筑设计应围绕建筑的使用一样，创造有乐趣的体验是游戏概念的中心目的。

在游戏设计的早期，Dan Bunten、Chris Crawford和Sid Meier三位设计大师几乎同时有了相似的概念：创造出一个征服世界的模拟游戏。但是，设计方向的不同

---

① “命令与克隆”（Comand and Clone）来自于热门游戏《命令与征服》（*Command & Conquer*）的名称，由于1996年至1997年间很多游戏抄袭该游戏，因此这一说法是对即时策略类游戏模仿热潮中游戏设计抄袭现象的讽刺。

造就了三款风格迥异的游戏:《全球征服》(*Global Conquest*)、《全球困境:枪炮或黄油》(*The Global Dilemma:Guns or Butter*)和《文明》。

《全球征服》着眼于国家之间的宏观战争,《全球困境:枪炮或黄油》将重心放在战争与经济学的关系上,而《文明》则关注文明进化和战略选择。《文明》是三款游戏中最注重游戏性的作品,Sid Meier说:“只要游戏有趣,我决不在乎是否符合实际情况。”[①]

事实证明,Sid Meier对游戏性的关注造就了《文明》的巨大成功,一举奠定了Sid Meier的大师地位。该游戏表现内容之广泛,变化之丰富以及操作之简便,成为其他游戏作品难以逾越的高峰,该系列作品也被IGN评为史上最佳十大系列游戏之一。

可见,核心游戏性的差异会使得相同的主题分化出不同的游戏设计概念,造就不同风格的游戏体验。而核心游戏性的不断丰富则可以引导设计向正确的方向前进。

设计师通常都是敏感的游戏玩家,他们热爱游戏并且能够体会到比普通玩家更加深入的细节。这些感触始终指导着设计师的创作,使得他们能够不断地完善游戏。也就是说,设计师通过移情的方式将自己的体验表达到淋漓尽致,然后才郑重地传递给玩家。这种体会能力如同审美水平一样,是游戏设计师弥足珍贵的财富,有赖于长期的经验积累和对游戏性的直觉把握。

总体上看,游戏核心概念的设计原则可归纳为创新性原则和游戏性原则两个方面,前者强调创造出一种与众不同的体验过程,而后者则着眼于提高游戏的体验质量。正如设计师武藏野所言,“设计是追求新的可能”,创新性原则使得游戏在大浪淘沙中闪烁出与众不同的光芒,迈出走向成功的第一步;而游戏性原则如同灯塔,引领着游戏设计不断靠近成功的彼岸。

第二节 游戏背景创意

游戏背景也叫游戏世界观,是核心概念的进一步发展,包括游戏的时代、地点、人物和故事,奠定了游戏的整体风格和基调。

---

① RICHARD ROUSE III. 游戏设计:原理与实践[M]. 尤晓东,等,译,北京:电子工业出版社,2003: 214.

一、游戏背景的来源

游戏背景设计可以粗略地认为是游戏世界观设计，即采用文字、图形等手段创造出一个虚拟的世界。其作用在于激发玩家的想象，使之产生对游戏世界的认同和情感共鸣。

游戏背景的来源主要有两种：取材于其他媒介或独立编撰。

一般来说，取材于著名的历史、影视、小说和神话有事半功倍的效果。例如《星球大战》（*Star Wars*）、《指环王》（*The Lord of the Rings*）、《蜘蛛侠》（*Spider-Man*）等系列电影都有衍生的游戏产品，《三国演义》《西游记》《封神演义》等经典小说也都被搬上了游戏屏幕。以三国为背景的系列游戏尤其受欢迎，如光荣公司的《三国志》（三國志）。在这种情况下，玩家对故事背景了如指掌，对英雄人物也怀有较高的情感认同，设计师一般便无须另行编剧。不过，同样的原因也使得《三国志》难以调动欧美玩家的积极性。而且现有故事的各种细节也会要求游戏设计与之一一对应，这会限制游戏创作的自由度。

独立编撰背景的游戏拥有更大的创意空间，设计师可以随时按照游戏的需求来修改故事细节。《星际争霸》（*StarCraft*）和《魔兽争霸》（*Warcraft*）等游戏都建立在虚构的故事背景之下。这些游戏的背景体系相对独立。

世界观对游戏起着至关重要的作用，它确立了游戏的时空关系，奠定了游戏的基调和风格并且引领着游戏故事的发展。

二、游戏背景的内容

当背景的题材确立后，我们需要进行具体内容的细化，主要包括自然背景和社会背景两大部分。

（一）自然背景

自然背景也叫物理背景，如年代、地理、气候、物产等，这些因素决定了游戏的实际面貌。在设计的初始阶段，我们不需要事无巨细地描绘所有内容，重点应放在关键概念草图的创立上。

对即时策略游戏、角色扮演游戏等类型而言，我们首先需要构建自然界。考虑气候是湿润的还是干燥的？土壤是肥沃的还是贫瘠的？地形是平坦的还是多山的？

植物、鸟兽、岩石、土地和天空看起来如何?

我们需要描述各种人造物品，如建筑、服装、武器、家具、装饰、珠宝等，重点体现出文化对它们的影响，如宗教盛行的地区建有巨大的庙宇、教堂等标志性建筑，以凝聚信徒；骁勇好战的游牧民族拥有大量的马匹和骆驼，日常用品和武器均便于携带等。

如果游戏发生在室内，如某些第一人称射击游戏和冒险游戏，我们就需要考虑更细节的问题。如光线从哪里来?墙壁是什么材料的?房间的用途是什么?如何通过物品来体现房间的用途?如何用场景来暗示房子的历史和故事?还有房子之间如何联通等。

（二）社会背景

社会背景即文化背景，包括艺术、宗教、科技、政治、经济等，重点体现人们的信仰、态度和价值观。

例如，编写一个以战国为背景的游戏，就可以依据当时的文化进行设计：采用七雄争霸时期的国家版图，场景可以按照各国的建筑风格和地理面貌进行设计，而势力关系则可以参考“合纵连横”的格局，突出钩心斗角、尔虞我诈的特点。

可以说，社会背景决定了一切人造物的面貌，如背景是古埃及的游戏中不会出现火器，伊斯兰的庙宇杜绝具象的图案，第一次世界大战的飞机不会是喷气机，包括用户界面的样式也应该遵循文化的特色。

还有游戏的历史，如民族的起源、自然灾害、战争和英雄故事等也是社会背景的重要组成部分。这些发生在游戏之前的事件有助于我们理解当时文化的形态。一般而言，好战民族都会有战争史，商人会有贸易史，信徒会有宗教史等。不过，这些故事应服务于游戏，切忌离题万里或者喧宾夺主。

三、世界观与游戏性

游戏的世界观应该为游戏性服务，要针对不同的游戏性进行定位。

在体育游戏和赛车游戏等强调动作元素的游戏中，一般不需要十分复杂的故事情节，只要能够突出游戏的气氛和风格即可，太多的背景陈述反而会模糊游戏的焦点。

例如，早期动作游戏的背景大多只有一句话。1978年的街机游戏《太空侵略者》（*Space Invaders*），其背景简单到只消题目便可说明。在设计之初，开发者本想制作一个射杀士兵的游戏，但是考虑到“射杀人类同胞”的方式过于残忍，所以后来便将人类换成了外星人。结果，漆黑的太空无须任何描绘，正好掩饰了当时屏幕的色彩劣势。低像素的图形用来描绘外星人也比士兵更加讨巧，这便是太空的背景由来。这种设定不过是不得已而为之，但却歪打正着地成为当时的风尚。

同样，现在的动作游戏也不需要复杂的背景。例如《极品飞车》（*Need for Speed*）系列游戏的背景都非常简单，不过是赛道选择、地下非法赛车等小故事，其意义大多在于提供设计思路，让游戏在统一的策划下，体现出和谐而独特的风格。

而对角色扮演游戏和即时策略游戏而言，背景可以深化玩家的情感认同，增加游戏性。例如，即时战略游戏《家园》（*Homeworld*）就改编自1978年的科幻电影《太空堡垒卡拉狄加》（*Battlestar Galactica*），讲述了一个星球被毁的文明流落于太空，历经磨难，最终打败敌人而重建家园的故事。这一背景成功地激发了玩家的情感共鸣，引导玩家进入一种自豪与惆怅交织的情绪。而且太空中没有复杂的地形，计算机可以充分渲染战舰和战斗的特效，使得游戏场景十分华丽。这一成功可谓《太空侵略者》的历史重演。

而冒险游戏等以故事见长的游戏更加依赖背景。如果没有背景，《神秘岛》（*Myst*）系列和《猴岛》（*Monkey Island*）系列这样的解谜探险游戏甚至难以存在。这类游戏的核心是情节，游戏的细节都与故事背景息息相关——谜题、场景、人物都围绕着背景故事展开。

就目前而言，冒险游戏是最接近叙事艺术的游戏类别，随着日后AI技术的发展，其他类别的游戏也可能会引入更复杂的背景设计。诸如冒险游戏、互动小说、交互电影等相似的门类将日显融合的趋势，一种有别于传统电影和游戏，暂可称为赛博戏剧（Cyber Drama）的新艺术将登上历史的舞台。

现在，各类游戏都更加注重复杂情感的注入，设计师也日益希望玩家能够获得值得品味的体验，背景设计的重要性正在逐渐增加。

第三节　游戏角色创意

一、角色概述

游戏中的一切虚拟生物都可以被称为角色。

一般来说，按照玩家控制方式的不同，可以将游戏角色分为玩家角色（Player Character，PC）和非玩家角色（Non-Player Character，NPC）。前者是玩家在游戏中的虚拟身份，由玩家控制；而后者则是游戏中的配角，由电脑控制。此外，还可以按照生物种类划分为人类角色和非人类角色。

游戏角色是玩家视觉的焦点，贯穿于游戏情节的始终，支撑着游戏的整个过程。对角色扮演等游戏而言，角色则往往是玩家决定是否进入游戏的第一因素。出色的虚拟角色有明星般的魅力，使人过目难忘、爱不能罢，能产生巨大的市场号召力；而失败的角色设计则会让开发人员所有的努力化为乌有。

与传统电影中真人演员扮演的角色不同，游戏中的角色都是虚拟的数字角色，由美术师设计制作而来。其风格和题材包罗万象，从诙谐幽默的卡通风格到细致入微的写实风格，从中世纪的骑士到未来的机械战士，可谓天马行空、无所不有。

目前，各种媒体跨界融合，电影、动画和游戏等产业联系紧密，共享题材，互为

图5-1　《生化危机》游戏

图5-2　《生化危机》电影版

图5-3　《生化危机》动画版

宣传，互相造势。在创作过程中，设计师的构思技巧也彼此相通。不仅电影可以改编为游戏，游戏中的题材也可以通过电影和动画平台呈现。

最早的时候，大型电影上映前都会发售相应的游戏版本，如《魔戒》(*The Lord of the Rings*)、《哈利·波特》(*Harry Potter*)、《星球大战》(*Star Wars*)等；近年来，电影开始反过来取材于游戏，如《生化危机》(*Resident Evil*)、《寂静岭》(*Silent Hill*)、《吸血莱恩》(*BloodRayne*)、《古墓丽影》(*Tomb Raider*)、《波斯王子：时之刃》(*Prince of Persia: The Sands of Time*)、《末日危城》(*Dungeon Siege*)等；而在我国，影视源自游戏的案例除《龙之谷》外，其余多是电视剧，如《仙剑奇侠传》《轩辕剑》《仙剑奇侠》《古剑奇谭》《梦幻诛仙》等；此外还有一些游戏题材的动画，如《生化危机》(*Resident Evil*)、《最终幻想》(*Final Fantasy*)、《铁拳：血之复仇》(鉄拳ブラッド·ベンジェンス)等。

总之，游戏角色是游戏展示个性、彰显亮点的有效途径。作为游戏和玩家之间的纽带，角色可以带领玩家进入一个无限释放的虚拟世界，带来媲美甚至超越真实的情感体验。在游戏创意中，设计师要重视角色设计的作用，将其作为关键环节加以推敲。

二、角色要素

我们在创造一个游戏角色时，要重点考虑以下几个方面的要素：造型、背景、性格、动作、语言。

（一）造型

造型是角色最终的视觉展示，是所有创意汇聚的终点。造型设计包括角色的一切视觉元素，大到角色的轮廓、剪影，小到角色的雀斑、细疤。在设计中不仅要关注造型本身的装饰性，更要重视造型的合理性和现实渊源。一些商业游戏的角色设计看似精美华丽，实则空洞浮夸，经不起任何推敲。除却美感，造型的艺术意义重大而多样，或增加角色的感染力，或提高角色的辨识度，或强化游戏的代入感，作用不可小觑。

（二）背景

角色背景虽然不在游戏中最终呈现，却不可忽略。它是设计师推敲游戏造型的依据。背景包括人物的过往经历和当前处境等。如果忽视背景设定，单纯地设计角色，往往容易陷入造型元素的无脑堆砌困境。比如，我们要设计一位魔法师，就需要考虑他的身世、家乡、种族、信仰，策划他的魔法来历、师承门派，并参考真实的社会阶层加以艺术夸张。不可信马由缰、随心所欲地设计。而且，角色背景的策划要与游戏的整体世界观一致，避免格格不入。

（三）性格

性格能够揭示角色的社会地位、经济基础和心理活动，可表现为人物的服饰风格、动作姿势和造型特点。例如，内向封闭的人可能喜欢深沉、保守的装扮，经常低头沉思；而活泼外向的人则喜欢鲜艳、时尚的服饰，雷厉风行。性格是一个角色的内核，决定了人物的处世态度、语言风格甚至人生走向。比如，《侠盗猎车4》（*Grand Theft Auto Ⅳ*）中的罪犯角色Niko Bellic，虽然表面上看起来贪财好色、心狠手辣，但内心却有自己的信仰和底线，因此在游戏中有桀骜不驯、乖张怪异的一面，也有正义勇敢、敢于担当的一面。

（四）动作

动作实际上是角色性格的外化，能够表现人物的个性和情绪。一个极具个性、创意十足的动作往往可以让角色脱颖而出，成为玩家心中不可磨灭的回忆。比如，一提到《街头霸王》（*Street Fighter*）中的春丽，我们总会联想起她的招牌动作——直升机螺旋桨似的“旋风腿”。在游戏里，娇小的女战士拿着比自己大好几倍的刀剑挥舞，瘦弱的魔法师腾空一跃到山峰之巅，动作的夸张程度令人讶异。这些动作在现实世界中完全不可能实现，但在游戏世界里却司空见惯。

（五）语言

语言在游戏中往往被设计师忽略。实际上，在这部分略做创意往往能起到“四两拨千斤”的作用。《星际争霸》中人类的配音就充满了性格细节：有的角色语气油滑，像个飞车党；有的角色操西部口音，像个女侍者；还有的一听就是退伍的老兵。但更多游戏只是毫无情感地配以普通话，效果自然不可同日而语。好在不少游戏公司开始重视角色的语言问题，比如《植物大战僵尸》（*Plants vs. Zombies*）中的疯狂戴夫，那种神经质般的语气给角色增光不少。

三、角色创意来源

纵观各种游戏的角色，可谓千奇百怪。人们时常感叹设计师如何创作出这么多灵动的生命。其实，游戏中的角色不都是设计师凭空创造的，大部分角色都有其原型和渊源。

我们既可以从人为编撰的故事传说中寻找灵感，也可以从大自然的鬼斧神工中获得启迪。

（一）故事传说

《山海经》是一部中国志怪古籍，以繁复而神异的想象创造了一个充满浪漫主义色彩的神奇世界，为诸多文化工作者提供了有益的创意灵感。[①]该书共十八卷，记载了100多个邦国、550座山、300道水以及周围的地理、风土、物产等。《仙剑奇侠传》《轩辕剑》《古剑奇谭》等系列国产游戏均广泛借鉴了《山海经》中对地理和生物的记载。

欧美的游戏大量借鉴了古希腊神话故事和人物，如特洛伊战争、普罗米修斯、忒修斯、俄狄甫斯等。很多怪兽角色也能从古希腊神话中找到渊源，如《战神3》（*God of War Ⅲ*）中的独眼巨人是海神波塞冬的儿子，他住在遥远的国度，使用棍棒、石头作为武器，是吃人的野蛮物种。再如《魔兽世界》（*World of Warcraft*）中的牛头人，创意灵感来自古希腊神话中帕西淮皇后与克里特公牛的私生子弥诺陶洛斯。《英雄萨姆3》（*Serious Sam 3:BFE*）中的哈耳庇厄，有着秃鹫的身体、翅膀和利爪，是海神陶玛斯和大洋神女厄勒克特拉的女儿。

除此之外，其他国家的神话传说也有大量可借鉴的角色，如古埃及神话中的阿努比斯、太阳神；日本神话中的八歧大蛇、河童等。这些形象经久不衰，深入人心，是值得我们积累的宝贵素材。

（二）龙与地下城

《龙与地下城》（*Dungeons & Dragons*）是由美国角色扮演游戏之父Gary Gygax在20世纪70年代中期设计的一款桌面角色扮演游戏。对于电子游戏行业来说，《龙与地下城》更多地意味着丰富的战役设定和一套游戏系统的通用准则。

《龙与地下城》的设定充满奇幻色彩，复杂而又合理，一系列经典角色扮演游戏都采用了这一规则，故事则建立在《龙与地下城》的各个战役设定上，如《无冬之夜》（*Neverwinter Nights*）系列、《博德之门》（*Baldur´s Gate*）系列、《冰风谷》（*Icewind Dale*）系列和《异域镇魂曲》（*Planescape: Torment*）等。

---

① 赵建军.《山海经》的神话思维结构.淮阴师专学报[J].1997(2)：21-25.

《龙与地下城》创造了我们现在熟知的种族、职业、阵营等概念，且包含了一部庞大完整的《怪物图鉴》，如兽化人、锈蚀怪、枭熊、眼魔，还包含巨魔、半兽人、侏儒、精灵等种族。这些设定都成为日后诸多游戏角色的鼻祖。

图5-4　独眼巨人

例如《上古卷轴5：天际》（*The Elder Scrolls V: Skyrim*）中的巨魔就源自《龙与地下城》，他们体形硕大，力量惊人，由于惧怕日光，所以经常与矮人争夺地下的地盘。又如《魔兽世界》中的地精天性懦弱，喜欢群居，喜欢在战斗中发动突袭，采用人海战术并运用各种诡计。《魔法门之英雄无敌 5》（*Heroes of Might and Magic V*）中的梦魇是一种堕落的战马，浑身燃烧着地狱之火，有着如火焰般飘动的赤红色马鬃和尾毛……

《龙与地下城》衍生出龙枪、浩劫残阳、异度风景、灰鹰等诸多战役设定，奠定并深刻影响了游戏世界的基本格局。

图5-5　巨魔

（三）大自然

大千世界，鬼斧神工，无奇不有，让人在赞叹之余心生敬仰。解读自然，可以悟出生命的意义，获得通往真理的途径。蒂芙尼创始人Charles Tiffany曾感叹道："大自然是我们最伟大的设计师。"它所创造的壮观、迤逦、神奇，任何设计师都无法与之比拟。[1]

大自然拥有着一套不同元素相互联系的、复杂而平衡的系统。其中有错综的信息交流和穿插，有复杂的规律和流程，最终产生了宇宙中最完美且极具目的性的结果——生命。

生命，或者说生物，是游戏角色创意的天然宝书。所有现实中的生命都能成为角色创作的素材。以真实的生命为原型进行创作，既生动可信又简便快捷。在一些科幻、奇幻、魔幻类的电影中，时常看到一些利用真实动物作为原型的角色设计。如电影《黑衣人3》（*Men in Black 3*）中的某种外星人的原型就是一种生活在南半球600到1200米深海的水滴鱼，这种鱼密度比水略小，身体组织为凝胶状物质。

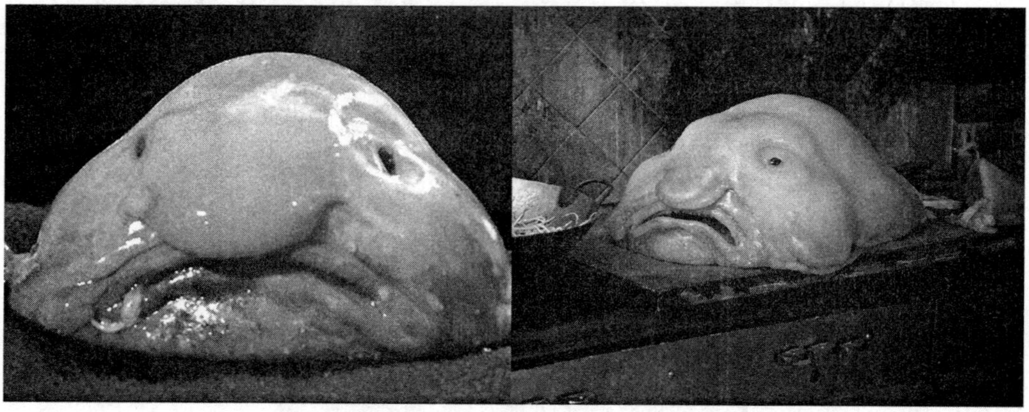

图5-6　电影《黑衣人3》中的角色（右）与其原型（左）

游戏角色设计从自然取材的案例数不胜数。其中既有现实中存在的昆虫猛兽，也有早已灭绝的远古生物，如恐龙、猛犸、剑齿虎等。只不过游戏中的生物角色一般会加以艺术的夸张，以巨兽或怪物的形象出现。

例如，《魔兽争霸3：冰封王座》（*Warcraft Ⅲ: The Frozen Throne*）中的龙龟就取材于北美的大鳄龟。这种凶猛的大龟以鱼、鸟、虾、蛇等为食，外观奇特，背甲盾片如山峰般耸立，背甲边缘还有许多锯齿状的突起。而《口袋妖怪》（ポケットモン

① 贺克．设计中材质的自然美表现．中国艺术［J］．2012 (4)：128.

スター）中的乌波则以美西钝口螈为蓝本，看上去非常可爱。这种蝾螈除非是与其他种蝾螈杂交，否则永远看起来都像是幼体状态。还有《完美世界》中的坐骑海灵，源自印度洋—西太平洋暖水中的蓑鲉。这种鱼外形俊逸，背鳍如扇，两鳍似翼，如京剧的戏服般色彩华丽，雕翎和护旗都一一具备。

综上，无论是取材于经典还是取材于自然，角色创意都需要做充分的准备。闭门造车未必能出门合辙，而师法自然却必定会大有裨益。

四、角色创意方法

有了可以参照的素材，角色的创意工作可以说只是开始了一小半。我们还需要对原始素材进行艺术化的加工。

游戏角色的创意方法因人而异，并无定法，但为了启发读者，本书将之归纳为七种方法：组合法、加减法、夸张法、融合法、变异法、生长法和位移法。这些方法彼此并不矛盾，可在实际应用中混合使用。

（一）组合法

组合法是角色造型创意中最常用的一种方法。古代神话传说中存在大量飞马、羽蛇、半兽人等异想天开的生物，它们或是动物之间的组合，或是人与动物的组合，甚至有植物与动物的组合。到了现在，游戏更是以组合法创作出无数光怪陆离的角色。

以动物之间的组合为例，我们的祖先将各个部落的图腾加以组合，创造出一种角似鹿，头似牛，身似蛇，足似鹰，鳞似鱼的生物——龙，完成了中华民族的一次“大一统”。

图5-7　狮鹫

西方也是如此。古埃及神话中的恶魔阿米特有着鳄鱼的头，狮子的上半身，河马的下半身；欧美奇幻游戏中的狮鹫则长有狮子的躯体与利爪，鹰的头和翅膀。

人与动物之间的组合更是常见。从中国神话中的女娲到古埃及的斯芬克斯狮身人面像，从中国地府的牛头马面到西方天堂的小天使，从安徒生童话里的美人鱼到古希腊神话中的塞壬海妖……

使用组合法的时候要注意抓住不同生物之间微妙的共性，避免牵强附会、生搬硬套。

（二）加减法

图5-8　油画《俄狄浦斯和斯芬克斯》

加减法就是通过增加或减少生物器官来进行角色创意。

其中，加法是把生物器官的数量增加多次。例如《西游记》中的哪吒会变成三头六臂，佛教中的千手观音会有近千只手臂，而古希腊神话中的地狱猎犬有三只头颅，海德拉有九颗蛇头。游戏中的角色如《魔法门之英雄无敌》系列中的蛇妖、罗刹王、剑圣都有四只胳膊，《魔兽争霸3：冰封王座》中的双头龙以及《阿玛拉王国：惩罚》（*Kingdoms of Amalur: Reckoning*）中的食人魔都有两颗头颅。

减法是把生物身上多个类似的器官合并成一个，或把本来有的器官去掉。例如游戏《轩辕剑伍：一剑凌云山海情》里的奇肱人只有一只手臂，而《寂静岭2》（*Silent Hill 2*）中的无面护士则没有眼睛。

（三）夸张法

艺术需要夸张，同样，游戏角色设计也离不开夸张。夸张手法是对具有代表性的某种特征进行夸大，突出其典型性、象征性和个性化。

还记得《格列佛游记》中大人国和小人国吗？越是司空见惯的物体，放大或缩小后就越能给人不安感。在《龙腾世纪》（*Dragon Age*）、《上古卷轴5：天际》等游戏中，设计师把现实中的捕鸟蛛放大了几百倍，狰狞而可怖。而在吉卜力的动画片《借东西的小人阿莉埃蒂》中，宫崎骏把主人公设计为拇指大小的小人儿，产生了奇幻的效果。

图5-9　《上古卷轴5：天际》中的巨蜘蛛

以上是说体积的整体夸张。而局部夸张通常是将生物身上的某一器官进行缩放。如对器官的大小、粗细、长短等进行变形，加强造型的形式感。例如，《轩辕剑伍：一剑凌云山海情》中的长股国里，每个人的腿都被设计得异常之长；而2010年电影《爱丽丝梦游仙境》中，红皇后和她的大臣都长着不成比例的大脑袋，荒诞而有趣。

（四）融合法

融合法是指将不同事物的特性融合在一起创造出新造型的手法。

在设计电影《指环王》中树人角色的形象时，设计师Christian Rivers将人与树的特征加以融合：树枝变成了角色的四肢，身体保持了树的圆柱结构，而皮肤仍然是粗糙的树皮质感；卡牌游戏《龙与地下城》中的土元素、水元素、火元素、风元素等，兼具原来元素的质感和人类的外形；还有一些休闲类游戏，赋予植物人类的特征，如《植物大战僵尸》中可爱的植物豌豆射手、胆小菇、三叶草等。

我们也可以将生物与机械相融合。很多年轻人对机械元素热爱有加，热衷于机械题材的影视、动漫和游戏。所以，机械类的角色往往能吸引一部分"机械迷"。电影《终结者》（*The Terminator*）中施瓦辛格扮演的机器人T800，将人与机械的融合带到了新的高度，成为广为人知的形象。

融合法的关键是要深入观察、理解，从而概括、提炼出每种生物的特性。

（五）变异法

变异法一般用于恐怖题材的角色设计。

游戏中经常出现令人不安的角色，如一些人类由于中毒或受到辐射、感染等原因变成半死不活的僵尸或怪物。《生化危机》（*Resident Evil*）、《求生之路》（*Left 4 Dead*）、《毁灭战士》（*DOOM*）等游戏均出现了此类角色。

变异法是对生物进行破坏性改造，例如从皮肤变色到腐烂，再到露出肌肉、内脏，直到完全变成骷髅。这种手法包括尸腐化、骷髅化等。前者是将生物的全部或部分皮肤去掉，露出肌肉或内脏，如《辐射3》（*Fallout 3*）中受到核辐射后变异的僵尸；后者则单独将骨骼抽出来设计成怪物，如游戏中的各种骷髅兵、骷髅射手、骷髅巫妖、骷髅骑士、骷髅战马、骷髅龙等。

需要注意的是，部分人可能对僵尸、骷髅类的角色极度反感。所以这种类型的设计虽然受到不少玩家的青睐，却有可能触犯我国的相关政策，在设计时必须规避。

（六）生长法

一些生物由于长期穴居，身上会长满毛发；一些生物由于生活在湿地，身上会长满苔藓；还有一些地狱生物，脊柱会长出磐石般厚硬的角质刺柱……这些都是设计师应用生长法的创造产物。

在角色身体增加生长物能够引起玩家视觉与直觉上的注意。但在具体运用的时候，设计师要尽可能让生长看起来合理。如怪物的骨骼变异通常发生在关节或者脊柱之上，如果这些变异生长在腹部、腰部的肌肉上，则显得有些不够自然。

（七）位移法

位移法不需要增加新的造型元素就可实现形式上的改观。

这种位移可以是某种微调，如拉开面部五官的距离，有时也可以体现出非常规性，如《千与千寻》（千と千寻の神隠し）中的无脸男，嘴巴被安放在躯干上；而《潘神的迷宫》（*Pan's Labyrinth*）中的Pale Man，眼睛被安放在了手掌上。

这种出其不意的位移会给观众带来强烈的视觉刺激和心理冲击。

图5-10 《潘神的迷宫》中的Pale Man

五、恐怖谷理论

恐怖谷理论(Uncanny Valley)（如图5-11）是1970年由日本机器人专家森昌弘提出的关于人类对机器人和非人类物体的感觉的假设——随着类人物体如机器人、玩具等拟人程度的增加，人类对它的好感度会出现古怪变化。从完全不像人类的机器人开始，当逼真度不断增加时，人类对机器人的好感度也在增加；可是当机器人的相貌、体型达到“接近人类”模样的时候，人类对机器人的好感度却又突然下降了。而且此时人类对活动的机器人比静止的机器人的好感度下降幅度更大。这个理论对于游戏、电影、动画中的数字角色创意同样也具有指导意义。①

图5-11中的两条曲线对应原理论中的活动机器人和静态机器人。考虑到游戏中的角色大部分为活动角色，所以在游戏设计中，我们应更多地参考图中的动态曲线。

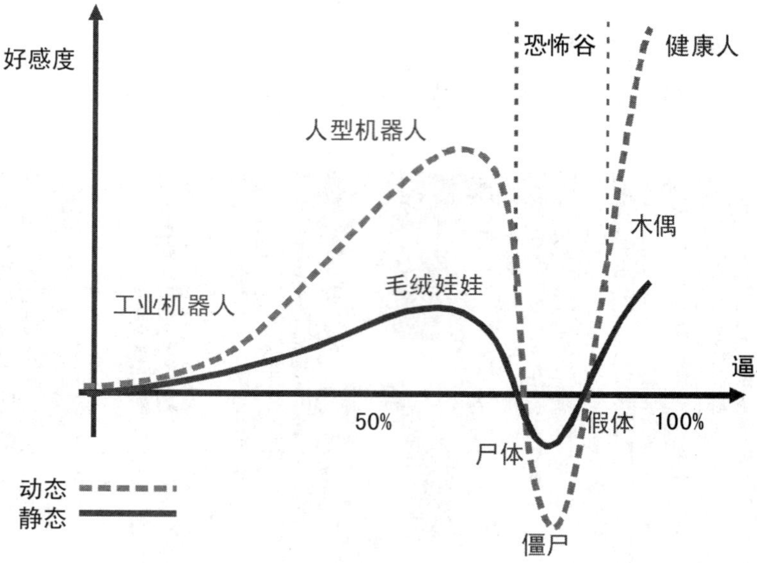

图5-11 恐怖谷（Uncanny Valley）

对恐怖谷理论可以这样简单理解：人们对拟人化造型的好感度遵循一个普遍规律，即如果一种角色的造型不够拟人，那么它的类人特征就会成为突出点，使人产生心理认同；但是，当逼真度达到一定程度，造型"非常拟人"时，它的非类人特征就成为显眼的部分被关注，可能引起人心理上的厌恶和恐惧，使好感度掉入深谷，这个深谷即所谓的恐怖谷。

由于处于恐怖谷中的角色首先足够拟人，所以大家在心理上会先将其视为人类的一员。但是，由于人类对自己的同类非常敏感，会本能地注意那些畸形反常的地方。因此，造型中的反常点往往会对人们产生强烈的心理冲击，引起人们的警觉和排斥。

所以如果设计师要创造卡通人物，同时又追求写实，就要注意不要让角色跌入恐怖谷。

① 巴雅尔．陷入恐怖谷的机器人［J］．大科技：科学之谜，2009（10）：28-29.

第四节　游戏故事创意

一、故事结构

得益于戏剧和电影的多年创作实践，游戏故事的写作有很多理论可以借鉴，如经典“三幕剧”结构和“英雄之旅”理论等。

以“三幕剧”结构为例，这一模式由开始、发展和结尾三部分组成，可套用于各类叙事文体。

（1）第一幕：开始阶段——介绍背景，引入人物，预示危机

这一部分对引导玩家进入剧情十分重要，主要交代游戏的地点、时代、世界观、历史事件和人物背景。作者应低调地引出游戏主角及其所处环境，用潜移默化、先抑后扬的方式让观众接受剧情。如不少游戏的开始都发生于平静的小镇、普通的家庭，时而在字里行间流露一丝危机的预兆……这些内容均服务于后续的游戏交互部分。

（2）第二幕：发展阶段——遭遇危机，产生冲突，进行抗争

这时原本平静的生活开始发生变化，剧情逐渐发展到冲突中心。比如平静的小镇突然遭受土匪的袭击；来访的不速之客带来了神秘的消息，扰乱了家庭的宁静；主角得到奇特的物品，感受到超常的力量……这时，叙事的任务告一段落，玩家进入操作部分，将通过交互方式亲自解决冲突及矛盾。这部分内容结合了故事和游戏两种元素，是传统叙事与交互叙事的衔接处。

（3）第三幕：结局阶段——解除危机，呈现结局

主角经过斗争，解除危机并到达结局。这部分一般是游戏的关底，有时会包含多个不同的结局。

以上三部分中，写作主要集中于第一部分，后两个部分通常以交互的方式展开。

而“英雄之旅”理论则以更加详细的分析揭示了叙事的结构。

“英雄之旅”理论由神话学家Joseph Campbell首先提出，他研究了不同文化中的大量神话传说和英雄故事，从中抽离出一个共性的情节结构，因而他的理论也被称为单一神话论（MonoMyth）或“英雄之旅”（The Hero's Journey）理论。这一理论将英雄故事解析为启程、启蒙和回归三个部分，其中每个部分又包括一些反复

的桥段。在创作分析中，诸多电影和神话都符合该理论，如迪士尼的动画片《花木兰》（*Mulan*）和童话《绿野仙踪》等。

可以说，Joseph Campbell的情节结构能够有效地引导受众进入传统叙事的虚拟世界，打破故事与受众的隔阂，使受众与情节融为一体并随之产生焦虑、悬念、感动以及共鸣等情绪。其对应关系如下表所示：

表5-1 Joseph Campbell的“英雄之旅”理论分析

主要章节	Joseph Campbell的“英雄之旅”理论		本文分析
启程 Departure	普通的世界	Ordinary World	对应受众的旁观世界
	冒险的召唤	Call to Adventure	叙事世界呼唤受众
	对冒险的抵触	Refusal of the Call	对应受众的抵触心理
	智者的引导	Meeting with the Mentor	暗中消解受众的抵触
	穿越第一个极限	Crossing the First Threshold	引导受众逐渐进入
启蒙 Initiative	测试、盟友、敌人	Tests, Allies, Enemies	受众逐步接受剧情
	接近深层的洞穴	Approach to the Inmost Cave	受众感到悬念
	严峻的考验	Supreme Ordeal	受众深入剧情
	得到嘉奖	Reward	释放受众的悬念
回归 Return	回去的路	The Road Back	开始铺垫回归真实世界
	复活	Resurrection	消解对叙事世界的留恋
	满载而归	Return with the Elixir	受众释放剧情中的情绪

值得注意的是，游戏与传统媒介在诱导沉浸和制造悬念的方式上有着明显的差异，因而在具体设计中不能生搬硬套传统叙事学的理论。

首先，由于小说和电影等缺乏交互手段，其诱导观众沉浸于叙事世界的方式多为情景引导和劝解引导。例如，小说中的环境描写和心理描写，电影中的全景镜头和人物特写等，大都通过心理上的移情来感染观众。而游戏可以利用人机交互、第一人称视角、虚拟现实等手段让玩家自然地产生沉浸感。这种沉浸处于运动认知的本能层面，无须移情的介入，从而显得更为底层和直接。因此，过多传统方式的铺垫和劝诱反而会使游戏情节显得拖沓，使玩家产生排斥心理。

其次，小说和电影的情节在故事展开前早已安排妥当，观众处于被动欣赏的地位。例如，小说和电影的悬念设计需要草蛇灰线，跌宕起伏，尽量避免被观众过早识破，以制造出人意料的戏剧化效果。而相比之下，游戏中的情节具有开放性和非线性特点，设计者只需提供故事的背景和若干种可能的发展方向，具体的情节创作则留给了玩家。在游戏中，戏剧化的张力建立在玩家的互动基础之上，其技巧较传统媒介更为复杂和智能化。

二、故事创作要点

故事写作是一种无法量化的艺术创作，要求作者具有较强的想象力和移情能力。不过，大部分人通过练习均可掌握写作的基本技巧。一般认为，除文字表达能力外，游戏故事的创作包括三个要点：可信性、连贯性和戏剧性。

（一）可信性

可信性是说虽然玩家会经历所谓搁置怀疑（Suspension of Disbelief）的过程，但终究会相信这个故事。我们看到有些游戏的故事虚无缥缈，完全不可能发生于现实生活，但玩家还是会沉浸其中，对主角的境遇感同身受。其中的奥秘在于，作者预设了一系列假定，如科幻小说中发达的科学技术，魔幻故事中神奇的魔法世界等。只要玩家认同了这些假设，故事的逻辑就会顺理成章，令人信服。对于荒诞、讽刺、幽默类的故事来说，达到可信的门槛甚至更低。

（二）连贯性

连贯性是指故事具有明显的线索，没有无关的赘述，没有脱节的分支，玩家能够沿着作者的思绪一路走来，沿途的景致协调而引人入胜。这固然要求作者文思敏捷，表达流畅，但更重要的是，作者不能因为一时兴起而编纂太多无关紧要的内容，添油加醋反而冲淡了主旨。

（三）戏剧性

戏剧性通常由一系列矛盾和冲突组成，多涉及偶然、巧合和骤变，在人物之间形成复杂关系，以吸引玩家深入剧情。德国剧作理论家Gustav Freitag认为，戏剧性是凝结成意志和行动的内心活动以及由于自己和别人的行动在心灵中引起的影响；英国剧作家William Archer认为戏剧性在于能够使观众感兴趣的虚构人物的表演；而美国戏剧理论家George P. Baker则认为戏剧性在于虚构人物的表演通过感情渠道使观众发生兴趣……[1]这些剧作理论大部分基于舞台剧编剧，很少涉及游戏故事，不过从本质上讲是相通的。

需要指出的是，戏剧性建立在可信性的基础之上。如果作者一味追求戏剧性而忽视了可信性，玩家将产生怀疑心理，从剧情中游离出来，那么再精彩的情节也将成为空中楼阁。

对游戏而言，故事的戏剧性张力（Dramatic Tension）服务于游戏性张力（Gameplay Tension），不能让故事冲淡了游戏性。例如《俄罗斯方块》（*Tetris*）就不需要太复杂的故事，而《勇者斗恶龙》（*Dragon Quest*）系列则恰好相反。

第五节　游戏风格创意

本节内容侧重于美术方面的创意和设计，探讨游戏的艺术风格、艺术家审美、艺术理论等。

一、审美差异性

康德在《判断力批判》中指出："当我对对象的判断表白了我把它认为快适时，这时也就表现了我对于它感到有兴趣。"也就是说，要想使玩家接受某种艺术价值，必须得把玩家的主观意志考虑进去。

所以，在进行游戏美术创意时，要顾及审美取向的差异。不同地区、不同性别、不同教育程度、不同时代的玩家会表现出不同的审美取向。因此，设计师在美术工作中要把目标群体的艺术接受力考虑在内。

审美差异来源于地域和文化差异。众所周知的东、西方审美差异即是如此。图5-12的左边是由瑞典EA DICE工作室开发、EA发行的第一人称动作游戏《镜之边缘》（*Mirror's Edge*）在欧美宣传时的海报，右边是同款游戏在亚洲的宣传海报。不难发现，相对原版海报而言，亚洲版海报做了如下修改：眼睛变得更大，脸颊变得更圆润，下嘴唇高光提亮了，右眼下好似疤痕的文身消失了，鬓侧还多了几撮飘逸的发丝，胸围也增加了。这样做的目的很简单，就是迎合亚洲玩家的审美。

① 李莹．论绘画中的戏剧性［D］．石家庄：河北师范大学，2004：8.

多个调研发现，亚洲玩家在心理上普遍喜欢这样的女性，但这样的审美标准在西方看来却不能说是“好”。在欧美玩家看来，这种倾向唯美风格的角色显得有点“假”，可能使玩家产生排斥心理。因此，不能以为某地域的审美标准就是普遍适用的，一个地区流行的审美标准，有可能放之四海而皆不准。

图5-12　游戏《镜之边缘》宣传海报

审美差异来源于性别差异。众所周知，男性与女性的大脑在处理感知时的表现有所不同，审美方式也因此受到影响。在一项由美国加州大学欧文分校（University of California,Irvine）生物学家Francisco Ayala主持的研究中[①]，研究人员分别向10名男性志愿者与10名女性志愿者展示风景、艺术等图片，并询问他们哪些图片美,哪些不美。然后，研究人员以磁共振扫描技术，观察志愿者脑部电流产生的磁场影像变化。最终得出结论：男性只用右脑欣赏美，而女性则用左、右脑欣赏

① CELACONDE C J, AYALA F J, MUNAR E, et al. Sex-related similarities and differences in the neural correlates of beauty [J]. Proceedings of the national academy of science of the USA, 2009, 106(10): 3847-3852.

美。[①]无怪乎男性玩家往往对游戏角色的整体形象特别关注，而女性玩家则会同时注意到角色的整体和局部特征。

审美差异还来源于受艺术教育程度的差异。审美经验丰富的专业人群往往在审美方面会技高一筹。例如，对一些色彩艳丽、细节堆砌的商业美术作品，普罗大众可能会觉得好看，但专业人士却嗤之以鼻，唯恐避之不及。而且，在阶级社会里，人们的一切社会活动都或多或少地带有阶级倾向，不同的阶级意识也会影响人们的审美标准。

对商业游戏而言，美术风格定位经常受到审美差异的困扰。风格既不能太媚俗，又不能太高冷，要做到仁者见山，智者见水，雅俗共赏。不过对独立游戏而言，游戏风格则可以完全弃众人于不顾，一切以作者个人的喜好为标准。

纵观西方美术史，从文艺复兴到巴洛克，从包豪斯到后现代，流派和思潮的变化时刻进行，反映了审美的不断变迁。与之类似，游戏的审美情趣也将随着时代不断变迁。

二、游戏视觉风格

在西方历史上，美术风格曾发生多次重大的转变。如中世纪的宗教主题被文艺复兴的人文主义所瓦解；巴洛克和洛可可的繁复装饰被工艺美术运动的朴素风格所取代；后来，印象派和野兽派强调主观感受性地作画；而极简主义和构成主义则用冷峻的理性将之掩埋；不等人们缓过神来，后现代主义便用解构主义的利刃迅速将一切摧毁……从波普到欧普，从达达到激浪，几百年来，这种螺旋式交替的风格转变一直持续到当代，并且在未来将继续发生。

在游戏领域，美术风格的变化更加倏忽万变。从早期的8位像素到后来的真彩色写实，从逼真细腻的拟物到简明概括的扁平风，游戏的艺术风格与当时的计算机技术如同两条交错的藤蔓，交互生长，相互影响。

收集近年来受到欢迎的独立游戏，发现这些游戏的艺术风格大抵集中在六个类别：像素风格、低多边形风格、质感风格、绘画风格、超写实风格和个人风格[②]。

---

① 王小龙．男女审美差异现象有新解 男性多用右脑 女性则用全脑［J］．科学咨询：决策管理，2009（5）：64.

② WINDLEAVEZ：准备好你的流量和容量接收一大波接近艺术的游戏［EB/OL］．(2015-02-02)［2015-06-30］．http：//daily. zhihu. com/story/4703960.

（一）像素风格

像素风格最早是由于硬件限制不得已而为之的妥协，但近年来游戏的像素复兴却只是借此向经典致敬。在艺术家的笔下，像素被精巧地排列和着色，透露出一种复古而精致的气质，其空间感、层次感都使当年的像素风格难以望其项背。

《超级兄弟：剑与巫术》（*Superbrothers: Sword & Sworcery EP*）由三位来自多伦多的设计师合作而成，画面细节丰富，朦胧淡雅，在原创音乐的烘托下给人一种恍如隔世的感觉。

图5-13　《超级兄弟：剑与巫术》

《请出示证件》（*Papers, Please*）在众多独立游戏中备受赞誉（详见前文）。抛开该游戏别具一格的玩法外，画面亦是可圈可点。

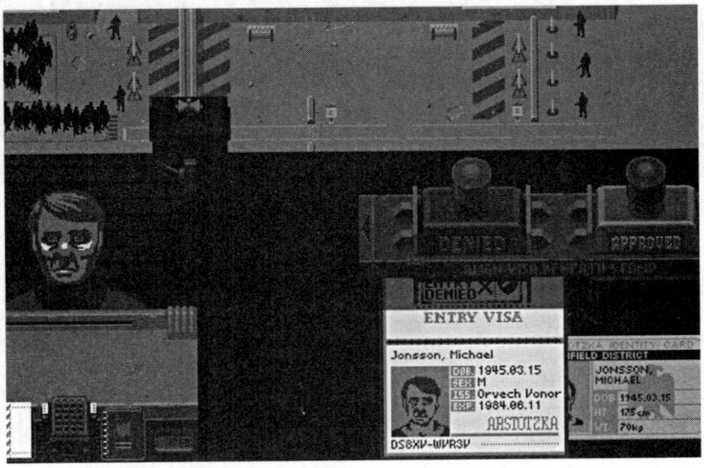

图5-14　《请出示证件》

《策马入山林》由中国台湾团队日头游戏倾力打造。游戏风格空灵、简洁，其中有山林、赤马、少年、长弓，有月下湖泊、竹林大战，似乎要将玩家带入一个古代的幻境。

图5-15 《策马入山林》

《菲斯》(*Fez*)之美，不仅在平面的像素之间，更在恍惚的游戏场景的空间转换中。三维技术与像素风格首次完美地统一在一款游戏中，令人惊艳。

图5-16 《菲斯》

《最后一夜》(*The Last Night*)是Raw Fury发行的一款像素风格的独立游戏，色彩艳丽，五光十色。制作方采用光照像素技术，将动态的光照效果引入像素世界，打造出一个梦幻般的赛伯朋克空间。

图5-17　《最后一夜》(The Last Night)

《暴动：民间骚乱》(*Riot: Civil Unrest*)基于埃及、西班牙、希腊和意大利的真实历史事件改编，沉重的政治话题与符号化的像素混在一起，将产生怎样的化学反应？

图5-18　《暴动：民间骚乱》

《屋顶狂奔》(*Canabalt*)是被纽约现代艺术博物馆列为永久收录的14件馆藏游戏之一。当你撞碎办公室的玻璃，在城市的屋顶飞奔，惊起群鸟时，是否会感到一种久违的释放？

图5-19 《屋顶狂奔》

《爬行者》(*Crawl*)是一款在幽暗地牢与鬼魂战斗的游戏，血腥暴力却不失可爱幽默。

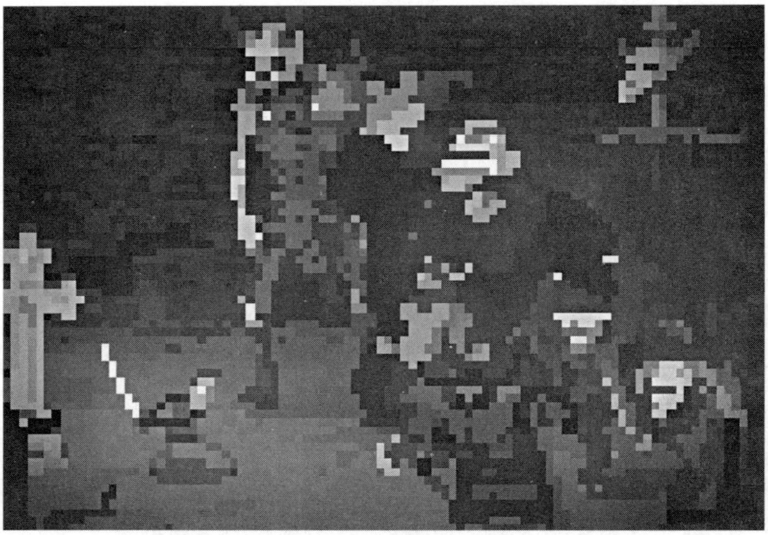

图5-20 《爬行者》

《鹿神》(*The Deer God*)经过众筹得以上线Steam，那高低明灭的光线起伏，静谧安宁的月夜景色，搭配随机生成又不乏精致的3D像素画面，不会让玩家失望。

图5-21　《鹿神》

（二）低多边形风格

低多边形（Low-Poly）风格近年来风靡各大游戏平台，它比纯二维多了一分立体和光影，又比纯三维少了一些油滑和圆润，再配合鲜亮而不俗气的色彩，清新的情趣便跃然纸上。

《生态群落》（*Biome*）让大学生Tom Kail在英国EGX Rezzed 2014游戏展上备受瞩目。游戏中玩家将主宰一个微型的世界，经历一次探索地球演变的冥想和冒险。

图5-22　《生态群落》

《雪白》(*Niveus*)精心打造了一段濒死前整洁、迷幻而唯美的历程，摇晃的镜头，空虚的世界，给人以身临其境的求生挣扎体验。

图5-23 《雪白》

《纪念碑谷》(*Monument Valley*)的画面有一种简单现代的构成美，但骨子里仍然流淌着埃舍尔的几何精神。精确而不刻板，精巧而不失诗意。

图5-24 《纪念碑谷》

《测量者》(*Metrico*)的画面令人想起米罗(Joan Miró)的《人投鸟——石子》。符号化的意象、数字、轨迹、标记……整个游戏世界都在随着玩家而不断改变。

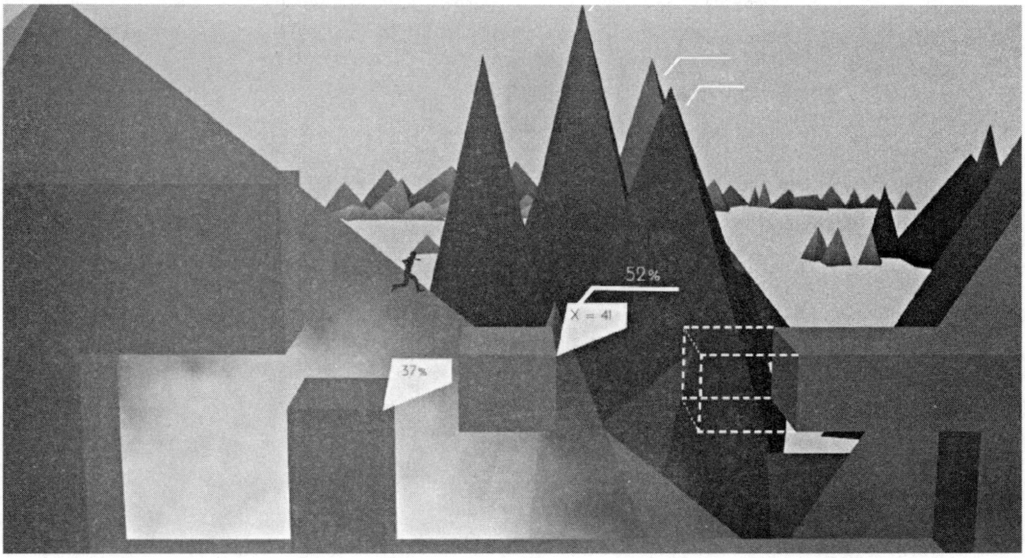

图5-25　《测量者》

《太阳照常升起》(*The Sun Also Rises*)是一款与海明威的小说同名的游戏，它们都以战争为题材。该游戏色彩浓重，风格强烈，以美国在阿富汗的反恐战争为背景，讲述了一个关于战争、人性的凄美冒险故事。

图5-26　《太阳照常升起》

《山》(*Mountain*),空旷的画面中只有一座山,极为缓慢地轮换四季,徐徐地生长树木。而玩家只是静静地注视着这座山。除了禅意地等待,还是等待。

图5-27 《山》

《见证者》(*The Witness*)呈现了一个没有人类和动物生存的孤岛,那些布满植物的湿地,鲜花遍野的森林和神秘莫测的建筑,都是作者精心设计的谜面。

图5-28 《见证者》

《遗忘边际》(*Land's End*)展示了一个从海上徐徐升起,又缓缓沉没的灯塔之岛,梦幻的粉紫色给人一种奇幻漂流的梦境感,一种漫步在被遗忘岛屿的疏离感。游戏的开发者是《纪念碑谷》(*Monument Valley*)的制作公司ustwo。

图5-29　《遗忘边际》

（三）质感风格

纸张、绒线、布料……现实的材质让虚拟的游戏多了几分质感，多了几分厚重。在美术师的巧手之下，一座座仿佛手工搭建的乐园在“赛博世界”中重现。

《纸境》（*Tengami*），顾名思义，是以纸为题的游戏。日本风格的刻纸在关卡中由合拢到打开，如立体书般展现出美轮美奂的场景。梦境、凋零、逝去三个章节分别用蓝、红、绿为基调，色彩间充满了情绪感。

图5-30　《纸境》

《爷爷的城市》(*Lumino City*)是解谜游戏《爷爷的灯光》(*Lume*)的续作，该游戏延续了前作一贯的温馨风格。整个游戏如定格动画般具有真实的光影和质感。

图5-31 《爷爷的城市》

《纸狐狸》(*The Paper Fox*)是墨尔本艺术家Jeremy Kool的个人作品。该作将折纸风格与三维技术融合在一起，造型独特，配色优雅。其中的森林、山石、狐狸、野狼等所有元素均由3D技术搭建，却“以假乱真”，如纯手工的作品般具有细微的褶皱和纹理。

图5-32 《纸狐狸》

《小小大星球》(*Little Big Planet*)是由Media Molecule开发的一款动作冒险类游戏，该游戏风格可爱，色彩明快，能够表现出麻布、塑料、木头、金属、橡胶等材料的丰富质感。值得一提的是，该作允许玩家自己搭建关卡，提供了绳子、杆、活塞、弹簧、铰链等装置，且各种材料都有不同的摩擦系数、弹性和密度。

图5-33　《小小大星球》

《撕纸小邮差》(*Tearaway*)是Media Molecule开发的另一款作品。该游戏以折纸为题材，延续了《小小大星球》色彩明快的特点，但画面更加精美。有趣的是，《撕纸小邮差》在玩法中利用了PSV的特有操作，如点击触控板背面可以"捅破"纸质地面，对麦克风吹气可以形成大风等。

图5-34　《撕纸小邮差》

《套娃大冒险》(*Stacking*)别出心裁地以俄罗斯套娃为核心，构建出一个具有浓郁俄罗斯风格的童话世界：里面的所有人物都是俄罗斯套娃，风格诙谐滑稽，令人捧腹。

图5-35 《套娃大冒险》

《宝贝万岁》(*ViVa Piñata*)创造了一个生趣盎然、色彩缤纷的童话世界。玩家可以通过搭建自己的花园，吸引超过60种动物前来生活。游戏中的生物有一种低多边形式的独特毛绒质感。

图5-36 《宝贝万岁》

《纸片城堡》(*Cardboard Castle*)以瓦楞纸为原材料，打造了一个中世纪风格的冒险之旅。玩家可以用剪刀切断敌人，用火柴点燃巨龙，拿斧子砍树来搭建小桥。画面风格轻松搞笑，纸板质感强烈。

图5-37　《纸片城堡》

《星之卡比：毛线传说》(毛糸のカービィ)将毛线当作游戏的主要材料。主角是一团可以变形的毛线：用毛线进行攻击，用毛线协助跳跃，用毛线拉开拉链……布艺风格的质感、细腻流畅的动画，都为游戏增色不少。

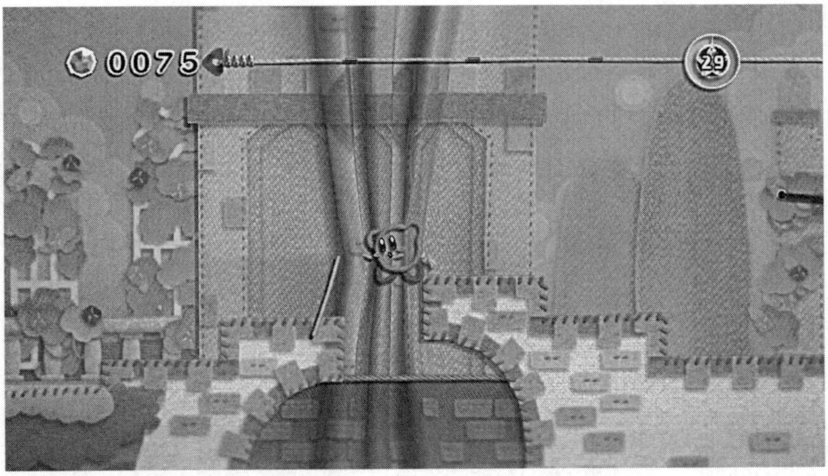

图5-38　《星之卡比：毛线传说》

《耀西的毛绒世界》(ヨッシーウールワールド)将毛线织成布块，垒成高台，搭建出一个充满毛线编织物的世界。操作方法延续了任天堂的光荣传统：马里奥式的跳跃、踩踏、头顶……只不过武器变成了毛线团。

图5-39 《耀西的毛绒世界》

（四）绘画风格

从吉卜力式的手绘风格到黑白分明的版画效果，从古希腊的古典配色到《罪恶之城》（*Sin City*）的暴力美学，游戏设计师用能够想到的每一种方式向美术经典致敬。从数字回归手绘，除了怀旧，更多的是探索和尝试。

《二之国》（二ノ国）最让人心动的卖点并非故事或游戏，而是与吉卜力工作室及久石让的合作。游戏尽力在交互中复原宫崎骏式的二维动画风格，场景令人联想起《魔女宅急便》（魔女の宅急便）中的欧洲城镇。

图5-40 《二之国》

《旗帜的传说》(*The Banner Saga*)受挪威神话启发，创造了一个充满手绘画风和维京气质的幻想国度。极具张力的轮廓、克制而不失对比的配色、充满大气感的空间，共同营造出一个大气磅礴、具有北欧风格的传奇世界。

图5-41　《旗帜的传说》

《疯狂世界》(*MadWorld*)是一款崇尚暴力美学的动作游戏。除了黑色与白色，游戏中只有鲜血的红色。木刻式的粗犷造型与激烈血腥的打斗动画相得益彰，毫无背离之感。

图5-42　《疯狂世界》

《漫漫旅途》(*Year Walk*)这款解谜游戏有一种生物钟紊乱的压抑感，气氛阴抑。游戏的用色极其克制，以黑白灰为主。间或出现的淡淡绿色渲染出恐慌的氛围，偶尔落下几滴红色则显得触目惊心。

图5-43 《漫漫旅途》

《白夜》(*White Night*)讲述了一个恐怖故事：男主角在一起车祸后只身闯入老屋，寻找在车祸瞬间看到的神秘女子……该游戏采用三维技术渲染，用色更是简化到只余黑白，光影的强烈对比产生出木刻般的效果。

图5-44 《白夜》

《黑白世界》(*The Unfinished Swan*)也采用黑白色调，是一个童话风格的游戏。该作的序章可谓创意十足：纯白色的画面空无一物，玩家需要把墨点泼洒开来，染出物体的轮廓来探路。且不论后来几章的机关和迷宫如何，仅此一章的创新足以令人拍案。

图5-45　《黑白世界》

《噩梦迷城》(*Daymare Town*)是一款逃脱类解谜游戏。作者用线条描绘出一个机关重重、白日梦魇般的小镇。游戏视觉风格类似钢笔画，米色的背景，纤细的线条都令人想起儿时的故事插图。

图5-46　《噩梦迷城》

《道具时间23》(*Prophour23*)乍看起来像一本怪异的古代医学教科书：有泛黄的纸张、复古的纹饰、线描的人体器官，还有淡淡的、斑驳的水渍。但真正开始游戏后，玩家就会发现，原来这是一个快节奏的塔防游戏。

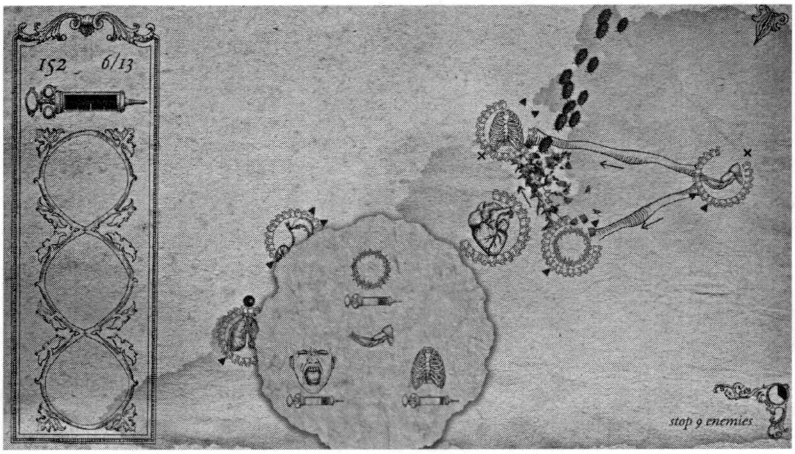

图5-47 《道具时间23》

《亚普罗辛》(*Apotheon*)是一款以古希腊神话为题材的横版动作游戏,年轻的勇士与众神作战,宙斯、赫拉诸神悉数登场。游戏活像一个展开了的古希腊彩绘陶瓶。大部分关卡中,人物和场景仅以黑、红色系为主塑造,忠实地还原了古希腊陶瓶艺术,极具装饰感。

图5-48 《亚普罗辛》

(五)超写实风格

如果说数字时代的写实主义也有巅峰,那么,使用实时渲染技术的大型游戏,则可类比于文艺复兴时期透视绘画法下的油画。除了架上绘画的光影、色彩和细节之外,游戏还借鉴了电影的镜头运动和蒙太奇……其实这些并不是全部,游戏基因中所带有的交互及交互带来的沉浸才是它真正的魅力。

《生化奇兵》(*Bioshock*)是由Irrational Games开发的一款射击游戏，加入了角色扮演等元素。游戏以20世纪60年代的西方为背景，虚构了一个被称作销魂城的水下乌托邦，视觉上呈现出一种融新古典主义与冷战科技感于一体的科幻风格。

图5-49　《生化奇兵》

《镜之边缘》(*Mirror's Edge*)由瑞典EA DICE工作室开发，故事发生在一个被严密监控的亚洲无名城市。游戏中的建筑和植物被刻意设计成白色，只通过紧急楼梯等结构点缀以少量橙色。在蓝天的映衬下，游戏画面色彩明快，干净利落。

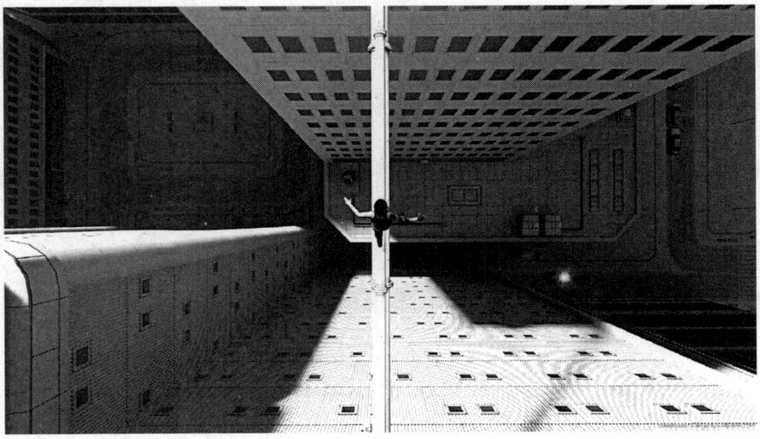

图5-50　《镜之边缘》

《耻辱》(*Dishonored*)是一款由Arkane工作室开发的潜入类科幻游戏。玩家将扮演一个具有超能力的保镖，可通过附着于他人的意识，使之在毫不知情的情况下被利用。游戏的视觉效果十分真实，呈现出一种低科技的近代科幻风格。

图5-51 《耻辱》

《质量效应2》(*Mass Effect 2*)是BioWare推出的一款角色扮演游戏。游戏从人物到场景均十分考究，渲染效果令人赞叹，可谓细腻而逼真，简洁而精细。IGN给出了9.6的高分，玩家在游戏时犹如在观看一部精彩却可以交互的科幻电影。

图5-52 《质量效应2》

《狂怒》(*Rage*)是由程序大师John Carmack亲自操刀的一款科幻类动作游戏。游戏采用了Mega虚拟材质技术，支持高达128000×128000像素的巨幅贴图，具有无与伦比的画面细节。

图5-53 《狂怒》

《战地3》(*Battlefield 3*)由EA DICE工作室开发。游戏故事发生在2014年,以美军全球追猎恐怖组织PLR为主线。开发团队用寒霜引擎(Frostbite)将环境破坏、光影渲染提高到一个新的高度。作品以现代军事为题材,风格现实冷峻,忠实地再现了伊朗、科威特等地区的人文景观与地理风貌,加上惊险的高空跳伞等环节,效果令人震撼。

图5-54 《战地3》

(六)个人风格

达利与弗洛伊德、朋克与未来主义、波普与媚俗艺术……有多少种现代艺术分支,就将诞生多少种与之对应的游戏风格。这些看起来混乱却自得其乐的游戏,不求被大众所欣赏,甚至不求被理解。他们说:我不同,故我在。

《爱会把我们撕裂吗?》(*Will Love Tear Us Apart?*)源自英国摇滚乐队Joy Division的一首歌曲——*Love Will Tear Us Apart*。游戏鼓励玩家“将自身对爱情的负面观感投射在游戏上:误解与无效沟通、情绪死角以及分开的悲伤”,传递出爱情黑暗及令人失望的一面。

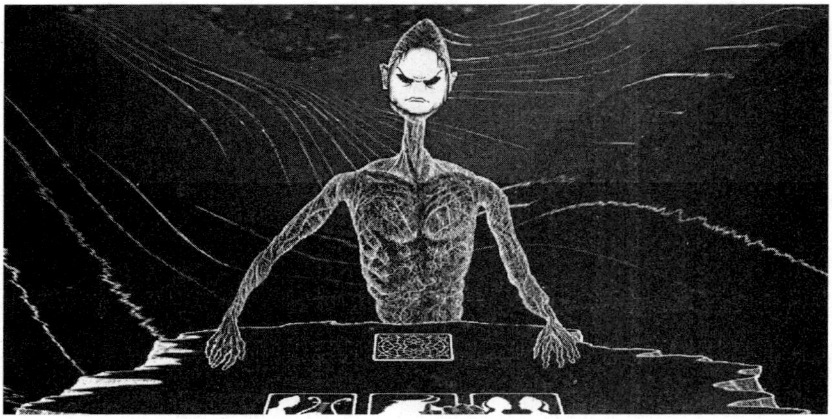

图5-55 《爱会把我们撕裂吗？》

《幻景》（*Mirage*）的主角是一顶沿途会收集眼睛、嘴巴和脚的礼帽。游戏中，这些不同的器官会给主角带来不同的感知世界。作者以达利般怪异的风格，将超现实主义、象征主义融入交互。

图5-56 《幻景》

《块魂》（塊魂）系列从第一代开始就充满了恶搞的精神。这一点仅从其混乱的系列命名便可略见一斑：《大家最喜欢的块魂》《块魂Vita》《美丽的块魂》……以自恋为美，以解构为荣，波普艺术在《块魂》身上展现得淋漓尽致。

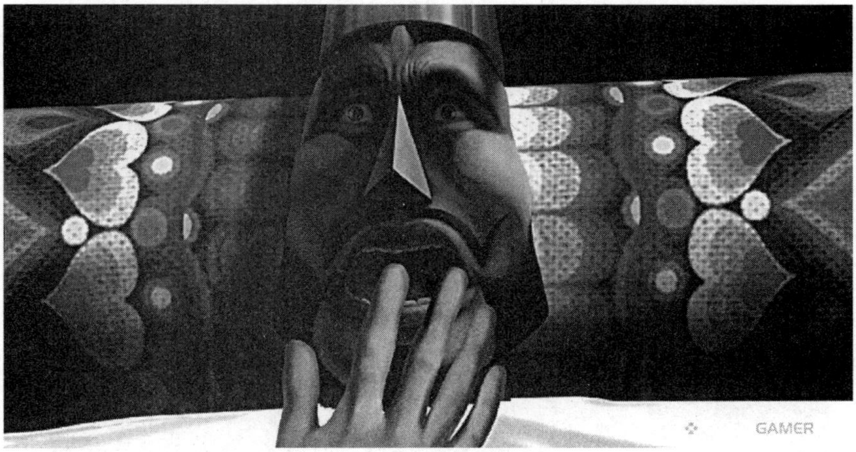

图5-57　《块魂》

《梦境模拟器》（*LSD: Dream Emulator*）早在1998年即已面世。玩家没有任何理由地在梦的世界中徘徊，遭遇各个毫不相干的场景，看到各式各样的人物，接触千奇百怪的物品。除此之外，有时还会出现简短的诗篇以及诡异的视频。游戏如同致幻剂导致的幻觉一般，色彩鲜艳、不知所云，却挑动了人们的某根神经。

图5-58　《梦境模拟器》

《合唱之光》（*A Light In Chorus*）在漆黑的夜中，用无数如同萤火虫般的光点勾勒出森林中的鹿、草地与树林。细小的光隐约闪动，随风飘扬，唯美而幻灭。

图5-59 《合唱之光》

《猎杀阿努比斯》(*Hunting Anubis*)是一款时间设定于21世纪，近未来风格的科幻空战游戏。玩家驾驶一架遥控式无人机并以飞机的视角和感知进行战斗。画面具有一种冷酷、黑暗的机器视觉风格。

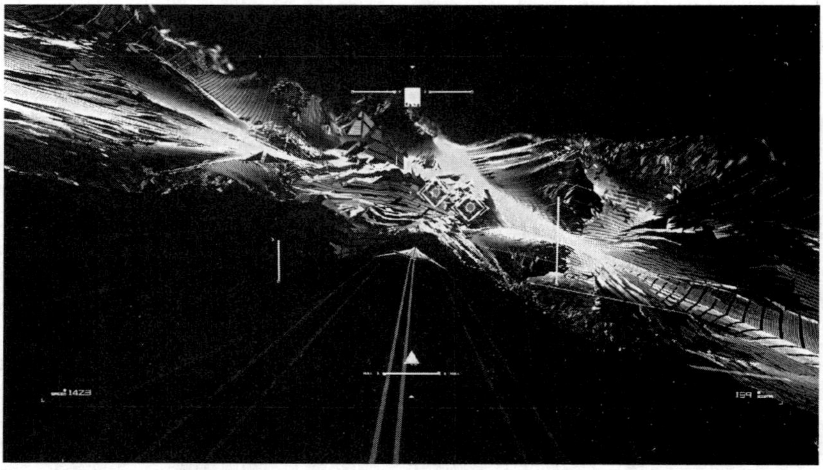

图5-60 《猎杀阿努比斯》

乍看之下，《破碎维度的记忆》(*Memory of a Broken Dimension*)如同抽象油画般充满现代感，但细看却会发现，这些笔触实际上是在模拟电子故障时产生的噪点和扭曲以及由此给人带来的撕裂感、混乱感。玩家需要在这些支离破碎的图像所形成的迷宫中寻找出路。

图5-61　《破碎维度的记忆》

上述游戏且不论游戏性如何，艺术风格都极为鲜明，视觉形式也别具一格。但令人遗憾的是，书中的静态图片难以悉数表现原作的神韵，建议读者可按照关键词进行检索，或登录专业网站观看视频[①]。

三、视觉的个人因素

虽然游戏美术师在接到任务时，项目往往已经被限定了范围，但美术师仍然有巨大的发挥空间，他可以从细节入手最终确立游戏视觉的定位和风格。

在设计时，美术师会不自觉地融入个人审美。个人的性格特质、文化背景、生活经历都会对游戏艺术风格产生潜移默化的影响。因此，游戏的视觉质量归根到底是由美术师个人决定的。这就要求游戏美术师在工作中培养正确的创作观念、创作态度以及创作习惯。

首先，美术师要注重学习和调研。艺术设计不仅需要感性因素，也需要理性因素；情境既要烘托情感，又要符合逻辑。所以，美术师在动笔前，应该收集大量的参考素材，汲取前人的经验，不能想当然地信手涂鸦。例如，《功夫熊猫》（*Kung Fu Panda*）的故事以中国为背景，景观、服装和道具无一不充满中国神韵。为了打造可信的中国风格，美术总监Raymond Zibach花了8年时间，钻研中国文化、艺术、建筑、山水风光，务求让动画中的每个细节都能忠实反映中国特色。[②]剧组的努力最终得到了回报，《功夫熊猫》成为一部令中国导演都深为佩服的中国题材动画，一

① 以上游戏评论及视频引自图像边界网：www.cgedge.com.

② 张丽丽.《功夫熊猫》与中国元素［J］. 电影文学，2008 (18)：26-27.

改早年西方电影中对中、日、韩文化不分的窘况。

其次，一个合格的美术师必须勤练内功。学习掌握艺用人体解剖，以便能够迅速描绘不同动作下的人体状态；熟悉不同生物体的骨骼结构，以便创造真实可信的动物形体；练习素描的光影体积，便于描绘关系复杂的块面结构……艺术的探索永无止境，只有扎实掌握了这些基础技法，才能从容应对不同题材、不同类型的视觉设计，随心所欲地选用各种技巧，自由地表达脑海中的意象。

最后，不能重技术技法而轻艺术修养。虽然软件和技法是完成设计的强有力工具，但是艺术终究是源于生活的。热爱生活，留心观察，对于一个游戏美术师来说至关重要。大自然和现实生活才是美术师取之不竭、用之不尽的灵感源泉。正如南宋诗人陆游在即将离开人世时写给儿子的忠告："汝果欲学诗，功夫在诗外。"

思考题：

1. 一些独立游戏具有极富创意的视觉风格，却在玩法上鲜有创新，请分析造成这种情况的原因，并阐述改进意见。

2. 游戏性和艺术性是否有矛盾？为什么？

参考文献

1. 黄石, 丁肇辰, 陈妍洁. 数字游戏策划［M］.北京:清华大学出版社, 2008.
2. 黄石, 付志勇. 游戏策划与管理［M］.北京:高等教育出版社, 2012.
3. 朱光潜. 西方美学史（下卷）［M］. 北京: 人民文学出版社. 1964.
4. 胡伊青加. 人: 游戏者［M］. 成穷, 译. 贵阳: 贵州人民出版社, 1998.
5. 康德. 判断力批判［M］. 邓晓芒, 译. 北京: 人民出版社, 2002.
6. 董虫草. 游戏与艺术［M］. 北京: 人民出版社, 2004.
7. 曹峻锋. 康德美学引论［M］. 天津: 天津教育出版社, 1999.
8. 席勒. 美育书简［M］. 北京: 中央编译出版社, 2014.
9. 弗洛伊德. 论创造力与无意识［M］. 孙恺祥, 译. 北京: 中国展望出版社,1987.
10. 吴玺玺. 游戏设计入门［M］. 重庆: 重庆大学出版社, 2005.
11. 刘焱. 儿童游戏通论［M］. 北京: 北京师范大学出版社, 2004.
12. RICHARD A. BARTLE. 设计虚拟世界［M］. 王波波. 张义, 等. 译. 北京: 北京希望电子出版社, 红旗出版社, 2005.
13. JESSICAL MULLIGAN,BRIDGETTE PATROVSKY. 网络游戏开发［M］. 姚晓光, 恽爽, 王鑫, 等. 译. 北京: 机械工业出版社, 2004.
14. 陈晓玲. 国外创造力研究述评［J］. 科学学与科学技术管理, 2006(6).
15. 施建农. 创造性系统模型［J］. 心理学动态, 1995(3).
16. 徐展, 张庆林. 关于创造性的研究述评［J］. 心理学动态, 2011(1).
17. 黄雪峰. 头脑风暴法在艺术设计教学中的应用［J］. 才智, 2015(6).
18. 王国平. 不同变式的头脑风暴法对大学生创造性思维结果影响的实验研究［D］.苏州: 苏州大学, 2006.
19. 夏盛品. 图形创意思维训练方法研究［D］.上海: 东华大学, 2005.
20. 李路葵. 创造性思维模式下的图形创意研究［D］.西安: 西安美术学院, 2007.

21. 王惠. 探析图形设计中创意思维的挖掘[D].沈阳：沈阳师范大学, 2014.

22. 孙彬. 信息线索、人际互动对头脑风暴创造性观点产出的影响研究[D].苏州：苏州大学, 2011.

23. WITTGENSTEIN. Philosophical investigations[M].G E M Ancombe.trans. Oxford: Blackwell, 1953.

24. APHRA KERR. The business and culture of digital games: game work / gameplay [M]. London: Sage Publications, 2006.

25. MARK WOLF. The medium of the video game[M]. Austin: University of Texas Press, 2001.

26. MANOVICH L. The language of new media[M]. MA Cambridge: MIT Press. 2001.

27. JANET MURRAY. Hamlet on the Holodeck[M]. New York: The Free Press, 1997.

28. KATIE SALEN, ERIC ZIMMERMAN. Rules of play: game design fundamentals [M]. MA Cambridge: The MIT Press, 2004.

29. JAMES F DUNNIGAN. Wargames handbook: how to play and design commercial and professional wargames[M]. 3rd ed. San Jose: Writers Club Press, 2000.

30. ANDREW ROLLINGS, ERNEST ADAMS. Andrew Rollings and Ernest Adams on game design[M]. Indianapolis: New Riders Publishing, 2003.

31. GUSTAV VERHULSDONCK. Response to Raph Koster's a theory of fun for game design [EB/OL]. (2006-11-30)[2014-10-24].http://web.nmsu.edu/~gustav/portfolio/response6.pdf.

32. GARDNER H. Frames of mind: the theory of multiple intelligences[M]. New York: Basic Books, 1983.

33. GUILFORD J P. The nature of human intelligence[M]. New York: McGraw Hill, 1967.

后 记

广告创意大师James Webb Young曾提出过一个“魔岛理论”：“古时候水手们曾传说，有一种‘魔岛’存在于海面上，明明在地图上没有的岛，却突然在一觉醒来，发现出现在周边。创意的产生，有时也像魔岛一样，一醒来就自然而然地浮现在脑海中了。魔岛是一夜形成的吗？当然不是。它经过了无数次珊瑚在海底的成长和累积，在最后一刻才浮出了海面。”[①]

有时，人们会发现创意就像“魔岛”一样，突然便闪现在人的脑海中。但是，很多人忽略了一点，在这些突然出现的创意背后，其实已经有了大量悄然的积累。创意的产生和“魔岛”的形成一样，是潜意识经过漫长的孕育与培养后产生的。“日有所思，夜有所梦”，大脑的潜意识无时不刻在思索、在运转。但灵感不会平白无故地出现，它和幸运一样，只光顾那些有准备的人。

正如黑格尔所说：“最大的天才尽管朝朝暮暮躺在青草地上，让微风吹来，眼望着天空，温柔的灵感也始终不光顾他”。灵感来自勤奋的思考与执着的追寻，即使是天才，什么也不做的话也不会有灵感。就像“众里寻他千百度，蓦然回首，那人却在灯火阑珊处！”，没有“千百度”的努力，也不会产生出“蓦然回首”的惊喜。

---

① 马加力 . 魔岛理论[J]. 时事报告, 2007 (12) : 67.

在游戏的设计中，游戏创意的灵感往往源于设计师长期的经验积累，源于对专业知识专注而持续的思考，源于在遇到具体问题时搜肠刮肚的求解。游戏设计师平时多积累游戏的相关经验，多分析成功的经典，多欣赏优秀的创意，才不至于“书到用时方恨少”，不至于“事到临头抱佛脚”。当我们对游戏的认知达到一定广度，对游戏的思考达到一定深度时，创意的“魔岛”有朝一日自然会浮出水面，便会在关键时刻“下笔如有神”。

艺术没有捷径，英雄不问出处。除了在游戏本专业的积累，设计师还应放眼天下，博采众长。无论是传统艺术的滋养，还是人生阅历的充实，都能为设计师提供取之不尽的创意素材。游戏艺术是一块朝气蓬勃的处女地，趁天气尚早，趁足迹尚稀，年轻的游戏设计师，背上你的行囊，勇敢地出发吧！未来并不在那远不可及的地平线，而在你脚下那深沉坎坷的土地。白日里每一个点滴的积累，夜晚中每一次无眠的探索，终将有一天化作命运的馈赠，报偿你所付出的那些爱、勇气与希望。

图书在版编目(CIP)数据

游戏创意基础 / 黄石等著. -- 北京：中国传媒大学出版社，2018.11(2020.10 重印)
游戏设计专业“十二五”规划教材
ISBN 978-7-5657-1962-2

Ⅰ. ①游… Ⅱ. ①黄… Ⅲ. ①电子游戏—设计—高等学校—教材
Ⅳ. ①G898.3

中国版本图书馆 CIP 数据核字(2017)第 072826 号

游戏创意基础
YOUXI CHUANGYI JICHU

著　　者	黄　石　项　阳　陈柏君　刘昕宇
责任编辑	赵　欣
特约编辑	高卓毓
装帧设计指导	吴学夫　杨　蕾　郭开鹤　吴　颖
设计总监	杨　蕾
装帧设计	徐　源　宋学敏
责任印制	李志鹏
出版发行	中国传媒大学出版社
社　　址	北京市朝阳区定福庄东街 1 号　邮编:100024
电　　话	86－10－65450528　65450532　传真:65779405
网　　址	http://cucp.cuc.edu.cn
经　　销	全国新华书店
印　　刷	北京玺诚印务有限公司
开　　本	787mm×1092mm　1/16
印　　张	12
字　　数	221 千字
版　　次	2018 年 11 月第 1 版
印　　次	2020 年 10 月第 2 次印刷
书　　号	ISBN 978-7-5657-1962-2/G·1962　　**定　价**　48.00 元

本社法律顾问:北京李伟斌律师事务所　郭建平

致力专业核心教材建设　提升学科与学校影响力

中国传媒大学出版社陆续推出

我校15个专业“十二五”规划教材162种

播音与主持艺术专业（10种）
广播电视编导专业（电视编辑方向）（11种）
广播电视编导专业（文艺编导方向）（10种）
广播电视新闻专业（11种）
广播电视工程专业（9种）
广告学专业（12种）
摄影专业（11种）
录音艺术专业（12种）
动画专业（10种）
数字媒体艺术专业（12种）
游戏设计专业（10种）
网络与新媒体专业（13种）
网络工程专业（11种）
信息安全专业（10种）
文化产业管理专业（10种）

本书更多相关资源可从中国传媒大学出版社网站下载
网址：http://cucp.cuc.edu.cn
责任编辑：赵　欣　　　　意见反馈及投稿邮箱：2086280010@qq.com
联系电话：010-65783654